知性 * 感性의 메타언어
도서출판생각쉼표 감성집

키스하다 시쓰는 남자

임 병 용 시집

도서출판생각쉼표

키스하다 시쓰는 남자

지 은 이 | 임병용
e-mail | sam0352@naver.com
전 화 | 010-4745-3848

발 행 인 | 이헌숙
펴 낸 곳 | 도서출판 생각쉼표
등록번호 | 132-82-1-87282
주   소 | 서울 영등포구 여의도동 45-13 코오롱포레스텔 309
대표전화 | 070-8866-2220
팩   스 | 02-784-4111
 e-mail | thethinkbook@naver.com
초판 1쇄 인쇄 | 2012년 07월 01일
초판 1쇄 발행 | 2012년 07월 01일

ISBN 978-89-966542-4-7

※ 값은 뒤표지에 있습니다.
※ 잘못된 책은 본사나 서점에서 바꾸어 드립니다.
※ 이 책의 판권은 저자에게 있습니다. 무단전재 및 복제를 금합니다.

■ 시인의 말

아나운서 현업시절 필자가 진행하는 '생활법률 상담코너'가 있었다.
당시 朴모 변호사가 내 프로그램의 고정 게스트로 출연했는데 간혹 방송시간에 임박해 헐레벌떡 도착해 숨을 고르곤 했다.
그때 우연히 한 쪽 손바닥에 뭔가를 잔뜩 볼펜으로 적어놓은걸 발견하고 치미는 호기심을 주체할 수 없었다.
한 번은 사석에서 "변호사님 손바닥에 뭘 그렇게 적으셨어요?" 웃으며 물었다.
박변호사(현 국회의원)는 좀 멋쩍게 웃으면서 왼쪽 손바닥을 펴보이며 "아! 이거요 사건수임관계나 변론요지 등을 적던 버릇이 손바닥에 생겨서요..."
나는 한참동안이나 박변호사를 보며 무슨 중요사업의 철석 같은 동지라도 만난 듯 악수를 청하며 재미있어했다. 이런 나를 박변호사도 물끄러미 바라보며 어리둥절 재미있어했다.
"저도 그렇거든요 길을 걸을 때라든가 산책을 할 때 뭔가 시상이 떠오르면 당시의 靈感을 유지하려고 꼭 손바닥에 메모를 해놓거든요"
지금은 좀 덜하지만 시적영감을 유지하기위해 지금도 여전히 나는 손바닥에 메모하는 습관을 갖고 있다. 아마 3-40년은 족히 넘었을 나의 '손바닥 詩 메모'이 손바닥 시 메모가 이제 파피루스 종이냄새를 담은 책으로 엮어지다니......,
부족하고 부끄럽고 덜 성숙됨을 알지만 나름대로 이제 내 시의 추수가 된 셈이다. 내 삶이 그러하듯 여전히 신음하면서 탐구하는 자세로 쓸 것이다.
"순결한 것들은 다 아름답게 미친 것들이다"라는 어느 시인의 말을 떠올려보며
"항상 당신의 뜨거운 열정이 당신이다"라고 끊임없이 격려의 불화살을 날려주신 박찬일 교수님 얼굴이 떠오른다.

2012 정중동의 초여름 그 눈부신 신록 아래

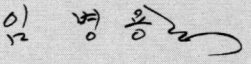

*追伸

시인의 나이를 묻지 말라
  시인은 항상 청년이고 이제 막 찬물로 세수한 해맑은 소녀이고 어머니고 연못으로 돌을 던지는 개구쟁이 소년 일 뿐이다.
  엊그제 4년여 만에 찾은 연세대 미우관 詩作강의실에도 여전히 5-60대의 젊디 젊은 열정의 여학도들과 시인들이 박교수의 강의에 빛나는 눈길로 공부하는 모습이 인상적 이었다.

키스하다 시쓰는 남자

키스하다 시쓰는 남자

chapter01 시

10데시빌	.12
그리운 그곳	.13
늑대	.15
오늘도 걷는다마는	.17
馬頭琴	.18
거울	.20
햇마늘을 까며	.21
삶, 끊임없는 재귀 대명사	.22
토슈즈	.23
歌女	.24
팔색조	.25
누가 나를 보았는가	.27
강심을 꿰뚫 물총새	.28
목어木魚 또는 풍경風磬	.29
대들보의 외출	.31
知的 쾌감	.32
우편마차	.34
오십 줄	.35
마케팅기획 박항재소장 근황	.37
대화틀에 대한 所懷	.39

41.	망원경
43.	새와 스트레스에 관한 보고서
44.	물렀거라
45.	응급실에서
46.	반추(反芻)
47.	초록, 미필적 고의에 의한
48.	고시원의 방값은
49.	주스작전
50.	관세음 보살
51.	遺書
52.	임신 잘하는 법
53.	스크랩
54.	자아분화
55.	블루벨벳
56.	公人되던 날
57.	슈나우저
60.	신발노조
61.	단맛의 신음
62.	Adam's apple
63.	전력의 비대칭 -잃어버린 하느님-

봄, 애끓는……,	.65
이사금	.66
나도 햇대에서나 자볼까나	.67
배후	.68
변이유전자 334	.69
프렌치 키스	.70
채마밭	.71
마른장마	.72
superimposed title에 관한 보고서	.73
개런티를 받는 비둘기?	.75
흰구름 따라 떠간 언저리에	.76
때까치에 관한 보고서	.77
어느 흉곽에 대한 報告	.78
왕진길에서	.79
수경재배	.81
잘깍는 나	.82
몸뚱어리 그 후	.83
나그네 비	.84
과일	.86
토끼풀	.87

88.	毒
90.	보쌈
91.	노출과 관음의 -여름
92.	맷집
93.	달 마중
94.	비에 젖은 상송
96.	비수
97.	서시(西施)의 미소
99.	자작과 나
100.	나무연가 1
101.	계륵(鷄肋)
102.	아내
103.	지금 밖은 낮인가요?
105.	原罪
106.	고무나무 연가
107.	사막에서 그는
109.	숲 속의 군수님 처럼
110.	肉化
112.	함박꽃
113.	아담처럼

身熱	.114
아내가 둘 생겼다	.115
놀다가 보면 저녁 되고	.116

chapter02 시인의 Essay

탐닉, 그 목숨을 건 식사	.120
마음도 눈처럼 내려놓으시게	.124
아름다운 끽연자, 멸시받는 끽연자	.128
잠꼬대	.132
다래끼녀	.134

chapter03 시집 평설

임병용의 글쓰기, 그의 詩學	.138

chapter01

시

10데시빌*

배가 어둠속에서 닻을 내릴 때
전철이 쇠발을 끌어안고 멈출 때
항공기가 纏足같은 두 발을 모아 땅을 디딜 때
우리는 조바심으로 미뤄왔던
그들의 오르가즘 같은
휴지부를 안다

소리 없는 아픔조차 드러내지 않으려는
10데시빌의
과묵을 지향하는
쉼표와 마침표의 엄숙함을

* 10데시빌: 낙엽이 지상에 떨어질 때 내는 소리의 크기

그리운 그곳

高談峻論으로 세상을 살려는 게 아냐

방앗간의 소란스런 영혼을
송곳 같은 부리로 제압하는
참새로 살거나
전략적 커뮤니케이션이 현란한 팔색조나
땅이 싫어 수직으로만 영혼을 띄우는 종달새나 아예
자기부정의 어두운 영혼으로 태어난 까마귀나
벌인지 샌지 남의 존재에 띄지 않는
벌새로 살아가고 싶어

새나 벌의 회귀지향!

무당이냐구?
모르겠어 심청이 뛰어든 인당수보다 더 시퍼런
작두위에서 펄 펄 춤추고 싶을 때도 있으니까
日月臺를 부여잡고 온 몸의 피를
원심분리해 내고 싶어
피는 대지에
혼은 종달새에 주고

표표히 길을 나서고 싶어
나뭇잎 사이에서 일렁이는 바람 곁으로
눈부신 하늘 올려다보며 간혹, 울 수 있는 그곳으로……,

*일월대: 무당이 쓰는 巫具중 하나, 降神도구

늑대

짐승들은 자기 몸을 핥는 버릇이 있고
사람들은 자기 몸을 만지는 버릇이 있지
몸이 아프면

나는 조금 전부터 몸을 핥고 있어
어디가 아프냐고 어딜 핥느냐고 묻진 말아줘
아픈 고름을 남에게 말해야 하는 건
그렇게 유쾌한 일은 아니잖아
동물의 세계에서 취약점 노출 일 수도 있고
전략적 궁지에 몰릴 우려도 간과 할 수 없잖아
그렇다고 에이즈나 암이나 탈모나 배꼽 아랫부분의 병은 아냐
상사병은 이미 고대시대 대 앓았고
그저 우는 병이야 달빛을 갉아먹는 은빛늑대처럼

숨죽여 우는 것도 이젠 지쳤어

이 광활한 자연 속에서
숲의 품을 빠져 나온 것도 아닌데
숨이 막히잖아
거대한 폐활량으로 숲을 안고 살고 싶어

피톤치드 그녀 품에 안겨
여름날 양털구름이나 새털구름이나 뭉게구름처럼
뭉게 뭉게 피어오르다
곤두박질치는 소나기로 뿌려지고 싶어

내 무덤 위를 소란스럽게 적시는……,

오늘도 걷는다마는

지구를 점령한 자 만이 걷는다
걷는다는 것은 살아있다는 것이다
영혼이 일정한 리듬으로 춤을 추고 있는 것이다
가식이 배제된 제 모습만의 흐느낌, 속에서
걷고 있는 사람을 보아라
제 멋에 겨워 제풀에 지쳐 장단이 없어도
노래를 하고 춤을 추고 돌멩이를 걷어차고 아내를 걷어차고
제 발등에 주저앉고
가부좌를 한 채 공중으로 떠오르고
곤두박질의 꿈을 꾸고 선 채 사정을 기도하고
물속으로 뛰어들고 물고기처럼 지느러미를 놀리고

동사가 할 수 있는 거의 모든
활용어미를 갖고 태어난, 너

馬頭琴*

산통이 극한에 이르자 아내는
신발을 집어 던지며 "이 나쁜 놈 나가"라고 소리쳤어
(원래 순둥이 아내가 이럴 수가......,)

고비사막 모래폭풍 속을 뚫고 나가던 낙타
등짐을 채 내려놓지도 못하고 産痛을 맞았어!
웅크린 어둠을 조산원 삼아
속눈썹보다 긴 신음 울컥울컥 토해냈지만
모래폭풍 음산한 울부짖음이 産廳의 모든 걸 덮어버렸어
누구의 울부짖음인지도 모를 시각
시커멓게 웅크린 덩어리가 쑤욱 빠져나왔어
어둠속에서 겅중거리던 새끼낙타 금세 모래강정이 돼버렸지
어미가 핥아줄 한줌의 뽀얀 살점도 보이지 않았어
어미는 이내 고갤 절레절레 흔들며 더럽고 징그러운 모래덩이를
내쳐버렸지
사막의 모든 모래 알갱이가 일어나 군무를 시작했어
축복인지 저주인지 웃음인지 울음인지 모를 소릴 내며

"어미를 달래줘야 할 텐데"
"어미를 달래줘야 할 텐데"

고삐를 놓쳤다 잡은 주인의 귀에
모래폭풍이 들려준 말 이었데

* 馬頭琴 : 극한 상황 속에 시달리다 새끼를 낳은 어미낙타는 새끼를 방치 한다고 함, 이에 인간이 만든 말머리 형상의 거문고, 마두금으로 음악을 들려주면 새끼를 다시 돌보게 된다는 몽골인의 전설에서 유래된 악기

거울

거울은 깨질 때, 깨졌을 때
소란한 파열음으로
술렁이는 얘깃거리를 만든다

소란스런 파열음 없이
술렁이는 얘깃거리 없이
정직하거나 왜곡된 모습으로
밋밋한 유리의 심장으로
빛이나 반사시키면서
살아왔는가?

거울은 수시로 맞는 파경 속에서
혁명을 꿈꾼다!

새벽길, 동트지 않는 길을 나서는 신선한 무모

햇마늘을 까며

그들 한 쪽 한 쪽
조각난 채 붙어있는 몸들이
얼마나 섬세하면서 단단하고
옹골차면서도 부드러운 막으로
스스로의 페르소나를 유지하고 있는지
피식 웃다가 이내 웃음을 거두었네!
한낱 식물의 球根일 뿐인데
저리도 엄숙한 이중 삼중의 자기검열
그 덫
타인에 의해 함부로 펼쳐지고 내보이기 싫은
은장도

단 한 번의 비장한 양념

삶, 끊임없는 재귀 대명사

° 청년 예수는 시적 지평을 확장하기위해 골고다에 오른 건 아니었다 그에게 실험정신은 어설픈 사치였을 거니까
° 60세까지 세파와 함께 뒹글었던 어쩌면 세파에 찌들대로 찌들었던 극심한 眼疾의 석가 역시 최종목표가 서방정토의 확장은 아니었을 것이다 (누구나 깨닫는 세상이니까)

물총새 당신은 경쾌하오
사람들이 당신을 비취(翡翠)라 부르는 것을 알기는 하오
옥색도포 정갈하게 차려입은 숙종조 때의 한 선비
맑은 심성이 뚝뚝 떨어질 것 같은 가을하늘을 맑은 눈길로 바라보다 발견한 새 그 새가 당신이라고 하오
당신은 물총처럼 날카로운 부리로 강물을 쪼개고 쪼개진 강물 틈새로 청자빛 하늘을 꾸역꾸역 스며들게 한 것을 알기나 하오
세상은 온통 자가당착이오
자기에게 묻고 자기가 답변하는
자신이 불어넣은 바람으로 애매하게 커지는 풍선처럼
허무맹랑이 배가되며 쓸쓸해지는
그러면서도 자꾸 불어대다 터뜨리고
먼 하늘만 바라보는

토슈즈

주인님의 우아한 무도를 위해
백조의 발바닥은
물과 뭍을 가리지 않고
하늘에서 호수에서 천리만리 경중경중
뛰고 닿고 씩씩댔다
빈사에 이르러서도 소리 내지 않는
저 발끝으로만 다가서는
때 절은 충정

도요토미 히데요시가 고개를 절레절레 흔들고 가는......,

歌女*

지렁이의 移動은 온 몸의 일기다
하루 종일 맨 땅에 써가는
맨살의 학습

눈도 귀도 폐도 아가미도 땅이
빼앗아 버렸다 내가 받은 건
습기 찬 온몸의 끈적거림
온 몸에 묻혀진 불투명한 슬픔으로
세상을 감지하지

나의 일기는 내 몸의 길이만큼 길고 간절하다

뼈마디 분절마다 아픔으로 웅크려올 땐
엎딘 大地보다 더 길게 엎드려 운다
어쩌다 사람들은 내 일기장을 들여다보며
"아 밤마다 우는 가녀 였구나!?"라며
한참 후에 일기장을 덮는다

비 오는 날 나의 노래가 더 섧다

*歌女: 옛부터 지렁이를 우는 동물 이라고 해 가녀라 함

팔색조*

세상은 종종 숨 가쁜 경이와 황홀 속에 빠져들기 때문에 아름답지

꽃들의 물고기들의 짐승들의 등에 가슴에 배에 칠해진
천연안료를 보라고
어느새 팔색조가 날아와
캔버스 모서리에 앉는군

조물주는 여러모로 생각해봤지만
천성적 색채감각으로 똘똘 뭉쳐졌던 인물 같아
배색은 차치하더라도 디자인은 또 어떻고
어느 도색·안료개발의 천재가
이 같은 농도·배색의 감각적
기하학적 디자인을 해 낼까싶어
소름끼치지 않아? 소나무의 귀화나방인데
이름은 모르겠군 3-4센티미터 크기의 이놈은
양 날개가 진홍색 허트 형태를 띠고 있었어
머리부분은 화이트였고 꼬리부분은 블랙 바탕에
흰눈이 점점이 박혀있었지
선홍빛 심장을 중심으로 블랙 앤 화이트의 날렵한 연미복
넘 경쾌했어 의상 색채심리학을 전공한 모양이야 조물주의 심장

자연은………………………………………………………………,
四時 태양이 이글이는 열대 심해어종은 더욱
원색적 이미지로 시를 써나가지

세상 가장 쉬운 직업이
시각·색채 디자이너같아
돌아다니다 얼룩말이나 팔색조나 각시꽃이나 리본장어 만나
인터뷰 한 번 쓱 윽 하면 캔버스가 격조 높게 구도를 잡아가잖아

* 팔색조: 천연기념물 204호로 멸종위기의 진귀한 여름새

누가 나를 보았는가?

> 용기를 내서 그대가 생각하는 대로 살지 않으면
> 머지않아 그대는 사는 대로 생각하게 된다
> — 폴 발레리

무언가를 생각하다 시선과 사고가 고정돼 버릴 때가 있지
구름도 햇살도 나뭇잎도 가지의 흔들림도
창가에 기대선 영혼마저 멈춰버린 시간
내가 왜 여기 서있고 눈앞의 구름 나뭇가지 먼 시선의 공사장 크레인이 왜 보이는 거지
렌즈의 프레임을 되돌리니 수백 년 전에도 보였을 풍경들
프레임 앞에 정지된 나
프레임을 빨리 감기 하면 수백 년 후에도 똑같이 보일 공사장 크레인
나뭇가지 구름 내 코끝
실상은 허상이었고 허상은 실상을 찾아가지

깨달음을 좇다 깨달음을 놓치고 사는
그 이전의 痛覺

강심을 꿰뚠 물총새

연꽃잎은 자신의 몸으로 투항해 오는 물을
파괴하지 않는다
그저 둥근 웃음으로 말아 올려 어우렁더우렁
그의 체적을 그의 사유를 자유롭게 한다

세상의 모든 성숙
이처럼
여유롭게 받아들이는데서 시작되는 것 아닐까

江心이 물총새를 받아들이고
물총새의 부리에 꿴 물고기가 목어의 눈을 바라보며
허허롭게 웃는

목어木魚 또는 풍경風磬

마음의 소리로 파고들기 위해 목탁은
장인의 골칼*에서
이틀 사흘 밤낮동안
골수와 내장과 쓸데없는 핏덩이들이
긁혀나가고 파헤쳐졌다
뭉툭뭉툭 울컥울컥 쏟아져 나오는 검붉은
피 핏물 핏덩이
직경 10cm이내의 몸통 안에서 저리도 많은
고뇌의 퇴적물이 웅크리고 있었을까
천길 어둠속 공간
장인의 칼끝엔 여명을 밝혀가는 불빛이 서려있었고 이 칼끝으로
맑고 깊은 울림만을 낼 심장을 하나하나 다듬어갔다
이제 더 이상 칼자루를 타고 손등으로 흐르던 죽은 피도 멈췄다
명품의 미라를 만들기 위해 절개하지 않은 死者의 몸통안을
아우성처럼 후비고 긁어대던 칼소리도 멈췄다 피비린내를 실어나
르던 바람도 멈췄다 고요하고 맑은 바람이 흉중에 가득 차오른다
눈을 감고 바람을 응시했다 비어있는 속은 언제나 맑고 고요했고
따뜻한 울림으로 가득했다

대장내시경 검사를 위해 4리터의 물과 장 세척제를 밤새도록 들

이켰던 나,
오장과 육부가 탁류속 소용돌이로 몸부림쳤다 새벽녘 모든 불빛이 휘청인다 2-30분 간격으로 40리터의 탁류가 몸 안에서 쏟아져 나왔다
나는 이제 텅 빈 제국의 미라가 됐다
쓸데없는 사유와 사념에 사로잡히지 않는
머리통에도 맞지 않는 페르소나를 쓰지 않고 살아가는

* 골칼: 목탁을 만드는 원통형나무의 내부를 둥그렇게 긁어내고 다듬는 도구

대들보의 외출

오호츠크 남단의 찬 공기 기습으로
한국의 여름이 시원해졌다
해수욕장 횟집들은 파리 쫓느라 아우성이지만
백수인 나는 炎天을 건너는 다리에서
여유 있게 휘파람도 불어보고 물수제비도 떠보며
흥선군처럼 일과를 시작 한다

우주도 가끔, 궤적을 벗어나
산책도 하고 휴가도 가야
다른 궤적의 자연현상을 일으키지

사장이 휴가 떠난 사무실은
언제나 넓고 편안하다
(사장이 나타 날까봐 얼른 문을 닫았지만)

아버지가 집을 비워도 외출했다 돌아와도 아무렇지도 않은 세상
에서

知的 쾌감

그 때 나는 아침신문에서
'지적쾌감'이란 기사를 읽고 있었어
'지적'이란 단어도 '쾌감'이란 호르몬도 흥미로 다가왔지

"아 쾌감에도 지적쾌감이란 게 있구나!"
나는 지적으로 흔들렸어
뭔가를 배우고 터득해야만 세상을 살아갈 수 있었기보단
새로운 것 신비스러운 것에 대한 호기심으로
태반의 내 삶을 살아왔지
예비자 교리공부 할 때도 가장 질문을 많이 했던 나
신부님은 땀을 뻘뻘 내면서도 나를 지긋이 기억에 넣어두더군

인간이 걸음을 내디딜 때마다
엄청난 정보가 다리근육에 전달되고 이 정보는 척수를 통해
뇌에서 생기와 재미를 찾아 뛴다는 거지
새소리 물소리 바람소리를 훔치는 일
나무사이에 숨어있다 푸드득 소리를 내며 신부처럼 달아나는
풍만한 가슴을 셜록홈즈처럼 바라보는 일 등이 모두
지적 쾌감으로 이어진다는 얘기였어

얘기가 좀 길어졌군 지적 받아야 할 일이야
시인은 서술보다 묘사라 그랬는데
지적으로 좀 떨어지는 예비시인인가봐

우편마차

프랑스 남부 시골마을 우편배달부들은
때때로 취해서 우편물을 전해준다지
쇠불알처럼 늘어진 우편낭을 메고 다니다 편지를 전해주면
받는 사람들이 땀과 피로를 씻어내라고
포도주나 얕은 도수의 위스키 등을 내온다는 거야
한두 잔 이집 저집 받아먹다 보면

오후엔 이집 갈 것 저집 가고 저집 갈 것 이집오고
그래도 주민들은 재미있게 웃으며 서로 바꿔 찾아간다는 거지
얼마나 따뜻한 커뮤니케이션이냐구

스와핑도 아닐진대……,

오십 줄

오십 줄을 탄력 있게 당기려면 사십 줄에 운동 열심히 하고
개고기보다 식이섬유 많이 섭취하고
잘 웃다가 건너왔어야 하는데

눈알을 헝겊에 싸쥐고 닦는 일은
슬픈일은 아니지만 썩 유쾌한 일은 아니지
세월이 받아놓은 나뭇잎보다 많아질 땐
슬픈일에 가까운 번거로운 일이 많아지지
동물이나 사람이나 똑같은 가봐
없던 사마귀는 왜 나타나며 바나나도 아닌데
사반은 왜 생기냐구 불알은 무거워지고
때는 많아지고 몸안의 물은 줄어드는데
나오는 물은 적어지고 이마는 넓어지는데
탈모는 계속되고
잠은 없어지는데 새벽은 더디오고
교감신경은 발달하는데 부교감신경은 퇴보하고
수입은 줄어드는데 용돈은 늘어나고

나는 그래도 요즘
안 읽던 책 꺼내 읽고 아침보다 먼저 일어나

전투지역으로 스스로를 배치한다 신문 속
나침반을 챙기고 탄착점의 정확도를 기해
독수리같은 시야로 내 삶의 반경을 조준한다

 고무줄보다 길고 탄력 있다, 오십 줄은

마케팅기획 박항재 소장 근황

세상, 내 맘이란 시장에서
글로벌 소비자들의 특성 파악을 위해
대한민국을 살아가는 그들의 현재와 미래의 마음을 읽어내기 위해
**〈무작정 사람이 가장 붐비는 곳에 죽치고 앉아 소비자들이 어떤 상점으로
들어가는지 어떤 쇼핑백을 들고 다니는지 직접 쇼핑에 나서기도합니다〉**
한 줄의 카피를 위해 만화책에서부터 3류 일간지 박사논문까지를
가리지 않고 읽고 또 읽는 건 기본이죠

C기획 박항재소장의 얘길 들으며 난
"참 세상살이가 백팔번뇌구나"뇌깔였다
그는 그렇게 남의마음 낚아채려
동분서주 끙끙 앓으며 살아가는데
자신마음 알기에는 얼마나 노력할까

44살의 그, 팔팔 튀는 아이디어로
연간매출 쑥쑥 올린다는데
밤이면 쏙쏙 기어드는 자신의 중심

추신:(그의 아내가 들은 남편의 잠꼬대)
"아 도시를 떠나자 굵고 탐스런 고구마가 팔뚝처럼 솟구쳐 오르는 들녘의 밭으로……"

매화틀에 대한 所懷

매화틀 아래 부복해있던 나인
전하의 변을 기다리다 사르르 아파오는 자신의 아랫배를 느꼈다
그때 고구마 줄기 같은 한 덩이가 고개를 내민다 연갈색의, 전하가
'으-흠' 잔기침 소리를 내며 "됐느니라" 해야만 명주수건으로 마
무리를 해드릴 텐데 아랫배가 더 사르르 아파오며 식은땀이 난다
나랏님은 아랫것의 아랫배 소리까지 들었을까 "어허 너도 급한
모양이구나 이제 됐느니라" 구세주 같은 옥음이 들렸다 "황공하
옵니다"

육식을 즐겼던 세종, 한글창제에 골똘해 어떤 땐 1각을 넘어설 때
도 많았다 불같은 성정의 연산은 육식을 밝히진 않았지만 밤낮으
로 폭음해 반각도 채 안되는 배설로 나인들은 언제나 덜 지루했다
내의원 보고엔 항상 퀘션마크가 붙어다녔지만
그날그날 변을 본 시각과 냄새, 농도, 굵기 등이 내의원에 보고 기
록돼 왕의 건강상태가 비밀리 유지됐다
이상 징후시엔 내의원 중 상급당번이 변을 찍어 맛보기도 했다
忠과孝의 갑옷으로 육탄방어를 하던 내관·나인들 面從腹背했을
까? 그 시큼털털한 냄새앞에서 나라면 어떠했을까 아마 숨을 덜
쉬며 땀을 뻘뻘 흘렸겠지
좀 비민주, 비인권적 업무분장 이었던 것 같다.

그래서 난 오래전부터 매화틀 나인을 두지 않기로 했다 변기의 물을 내릴 때 순간적으로 내 몸의 냄새와 색깔과 굵기를 확인한 후 흘려버리는 자가 판별법을 생활화하고 있다 나는 전하만큼 내관이 많지 않기 때문에 더 큰 이유는 쥐도 새도 모르게 내시부에 끌려가 죽임을 당할지도 모른다는 강박심사 때문이다. 엊그제도 세자의 편식습관을 고쳐주지 못해 비만에 시달리고 있다는 전하의 편잔과 함께 시강원 사부 오골대가 쥐도 새도 모르게 모습을 보이지 않고 있지 않은가

망원경

조물주는 인간에게 많은걸 선물로 주었지 때론 경각심과
경외심마저...
배우자에 대한 性의 독점 수면 섹스가 아닌 센스 웃음 등은
선물이고, 흰 머리 주름 老眼 성공과 실패 폐경 검버섯 등은 경각
심이겠지 새 생명의 탄생 천둥과 번개 일출 노을 보름달 開花의 찰
라 등은 경외심 이겠고
공평한 배분이라고 사료돼
애완견의 사료가 떨어질 것 같으면 가족들의 식량보다 먼저
천둥 번개 속이라도
마트로 달려가 생명의식을 사오는 날 보며 스스로 느꼈지
나이 들면 노욕을 줄이며 왜 더욱 겸손해야 할까를...

우리 집이 13층이거든
1000미터나 멀리 떨어진 식당의 메뉴판 '두부김치' 字는 시원스
레 맨 눈으로 보이는데 팔뚝 안 간격의 신문기사가 아른거리는 건
참으로 아이러니야
꽃 같은 아내를 곁에 놔두고 망원경으로 조준해야만 겨우 보이
는 저 먼 거리 아파트 가정부 아줌마의 땀 닦는 겨드랑이를 훔쳐
보다니
더 깊게 훔쳐보기 위해 배율을 이리저리 조정할수록 눈만 더욱

아른거리는 거야
나중엔 시신경의 초점이 잡히지 않아 돋보길 써도 신문활자가 아른거려 혼났어......,

남은 세상 맘 놓고 훔쳐볼 수 있는 3D정도의 눈은 왜 선물로 안 주시나?!

새와 스트레스에 관한 보고서

0.001밀리미터도 안 되는 우울의 회로가 내 척수를 휘감기 시작하
면 한 발자국도 내 딛지 못하고 꼬꾸라지고 말지
버드 스트라이크였어
전신이 빨려들어 수 만 개의 회전칼날이 잘근잘근
내 육신을 분쇄해 가는 걸 보고 있었지 차라리 시원했어
원심분리 되어가는 소슬한 기운 정수리부터 느낄 수 있었기 때문
이야
집체만한 동체 지펠냉장고 빈 박스처럼 나뒹글어지고
맑은 피 고여 오는 새벽 항명 같은 아침의 심장이 터져 버린 거지
태양이 붉은 피를 쏟으며 엉금엉금 활주로를 기어가고 있었지

---

* 버드 스트라이크[bird strike]: 조류가 비행기 유리창에 부딪히거나 엔진 속에 빨려들어 항공사고를 일으
키는 현상.

물렀거라

그럴 줄 알았지
'비판적자아' 수치가 높게 나타났다 심리학교수는 수치를 좀 낮추라 했지만 난 더 살리기로 했다
조선시대 쯤 살았다면 사간원이나 홍문관에서 일했으면 좋았을 것 같다
풀잎처럼 나풀거리고 다니다
버드나무에 개처럼 다리 걸치고 대낮에 소피보는 사람 지적하고
守令方伯들의 허리춤도 툭 건드려보고
점심 먹으러 나간 후 탕건 차림에 기생 끼고
申時가 넘도록 동헌에 나타나지 않는 사또의 신발도 감춰두고
가족들과 나들이 하면서 평교자 구종별배에
"물렀거라 좌찬성대감 행차시다"를 외치게 했던 옹골찬 대감 공무시간 外 가마 사용도 報告하고
난 참 신나게 바빴을 것 같다

간 수치 조절해가며 들개처럼 뛰어다녔을 내 모습, 평교자 타고 다니던 좌찬성 대감보다 더 신바람 나지 않았을까

응급실에서

응급실은 대부분 누워있었지, 유희처럼 실어나를
삶과 죽음의 서핑보드
가끔 곤충 핀을 벗어난 심장 프로메테우스같이
헐떡일 때도 있었지만 서핑을 즐기는 일상은 넘실댔고
무대는 神將의 아가리처럼 버티고 있었지
한번, 펄떡이는 동맥을 든 젊은이가 들어왔어
"저승길이 어디 메뉴 날은 저물어드는데
객주는 어디 있고 주모는 왜 안 보여"라고 소리치는
고개를 빼꼼이 내밀던 주모, 트레머리를 홱 제치더니
"쯧 쯧 요새 새파란 것들 제 심장도 못 가누면서…" 라며
문을 확 닫아버리는 거야

개구리도 제 심장은 엄숙히 지키려드는데?

반추(反芻)

얼마나 더 되돌아 봐야 나를 발견할 수 있을까
얼마나 더 어둠속에 있어야 내 뒷모습을 알아 볼 수 있을까

차라리 소라면…
목덜미에서 風磬소리나 울리는
그래서 들판이 아득해지고
풀들이 고요해지는
풀들이 고요해지는 야음을 틈타 나는
뒤를 돌아봤다

나 같기도 하고 나 같지도 않은 한 사내
거기 서있다
그가 다가서려하자 나는 고개를 돌리고 달아나기 시작했다
오늘도 나를 발견하기는커녕
그의 뒷모습조차 제대로 볼 수 없었다

밤은 깊어가고 풍경소리는 더 아득히
내 심장의 귓전을 때리는데

초록, 미필적 고의에 의한

조물주가 나무라는 생명체를 지상에 내려 보내기 직전, 작은 사건이 하나 발생했다 옆의 초록 페인트통을 차버렸던 것이다 지구상의 모든 나무가 녹색을 뒤집어쓰고 있는 것도 당시의 사건이 종결되지 않은 채 기소유예로 두여있기 때문이다

나무들의 혈액은 녹색일까
情熱이 배제된 채 차분한 미소로 굽어보는 조물주처럼
나는 '미필적 고의에 의한 살인' 신청을 낸 후 나무의 심장을 내려찍었다
녹색의 피- 초록으로 일렁이는 피
가 아니다
선홍빛의 맑은 피가 콸콸 쏟아지고 있다 연한 솔잎 향의 향기는 또 뭐냔 말인가 나는 무릎을 꿇다가 엎드렸다
사제서품을 받는 신부보다 더 낮은 자세로 울먹였다 나무와 함께 순교하기로 했다 숲의 정령들이 몰려와 나를 포박했다 나무로 다시 태어날 것이라는 혈서를 쓴 후 사지가 묻혔다 해마다 봄이면 핏빛 울음을 터뜨리며 초록으로 환생하는 나
초록 페인트통이 넘어지면서 붉은 페인트통도 쏟아진 모양이다

고시원의 방값은

고시원의 방값은 밖으로 난 창의 유무로 10만 원의 차이가 난다지…
방에서 창밖의 하늘을 볼 수 있으면 30만 원
벽이나 복도가 먼저 보이면 20 만 원

안에서 밖을 볼 수 있다는 것
어떤 가치가 웅크리고 있는 것일까
어떤 希求나 갈망의 징표일까

밖을 보는데 더 지불되는 연간 120만 원
대부분 소득의 하위계층인 그들은 왜
그 큰돈을 밖을 보는데 더 내놓으려 안타까워할까?
'답답 해소비용'이거나 '폐쇄공포탈출비용'이라고 하기엔 뭔가
아이러니가 도사린 창밖

창 안에서 창밖을 기웃거리다 하루가 저문다.

주스 작전

오늘도 당근은 사과와 함께 붙잡혀
혈압 높은 주인을 위해 강관에 뉘여졌다
목욕재계를 마친 붉은 나신
체념한 듯 눈을 내려깔았다
160mmHg은 숙달된 손놀림으로 그녀의 온 몸을
여지없이 공략해 나갔다
채 5분도 안돼 그녀의 육신은 粉骨碎身상태로
삼베수건에 올려졌다 160mmHg은
심장을 돌며 두근거렸던 가슴의 한 숨까지 짜냈다
약 250ml 가량의 황톳빛 그녀의 체액이 두 잔의 컵에 담겨졌다
회심의 미소를 지으며 160mmHg은 붉은 나신의 체액을
음미하듯 천천히 들이켰다

뼈가 갈아지고 살점이 으깨어진 공양
160mmHg은 알까?!
나무관세음보살

관세음보살

지역 민방위 위원들이 돼지를 싣고 예비군 교육장을 위문 차 왔다 연대장이 위원들과 돼지를 중앙에 모시고 기념촬영을 했고 저녁 무렵 취사장 한쪽에선 정수리를 향한 해머가 꽂혔다, 순간 죽음직전의 탈출본능이 둔탁한 도살兵을 메쳐 꽂고 연병장을 곤두박질치며 내달렸다
피범벅의 아우성, 창자를 끊듯 금속성이 길게 길게 이어졌다 그날 저녁 내가 좋아하던 김치찌개 위로 선혈로 곤두박질치던 돼지의 혼이 어른거렸다 나는 수저를 내려놓았다

일격필살(一擊必殺)이 어디 무예도감의 일상적 용어이었더냐
보시(報施)하듯 가는 축생의 마지막 길을 단숨에 끊어놓는 기예는 자비며 관용이었거늘 나무에 목을 건 뒤 몽둥이로 두들겨 팬 다음 화톳불로 그을려 내동댕이친 뒤 배를 가르는 그래야 육질이 부드러워지고 육즙에 좋은 맛이 배어든다고 시들해진 밤을 일으켜 세운다고 기고만장 사시장철 영양탕 보신탕 타령, 그렇게 세워진 밤 얼마나 힘 있게 어둠을 밝히는 등불이 되었을까!?

관세음보살

유서(遺書)

유서를 써놓고 사니 요즘 난 그렇게 유쾌할 수 없어
관 속도 이미 잘 정비해 놓았거든
벌레들이 쉽고 편하게 들락거릴 수 있도록 좌우사방으로
구멍도 숭 숭 뚫어 놨지
햇살과 바람도 좀 쉬었다 가도록 관 뚜껑은 그물막으로 하고 말야
어차피 분해될 몸 아닌가베 이승에서 못다 풀어헤친 영혼 말일세
벌레들이 코와 눈으로 입으로 귀로 들락거리면 난 얼마나 간지럽
겠어 세상 살 때 못다 웃어 제꼈던 웃음 낄낄거리며 깔깔대면서 한
바탕 웃어댈 생각하니 난 지금부터 너울너울 춤이 춰져,
이렇게 매일매일 행복에 젖어 사는 예비송장 봤냐구
가세 가보세 내 그물망 棺 구경하러

임신 잘 하는 법

마차는 생산적(生産的)오독(誤讀)을 통해 건초더미 속으로 돌진했다
순간 마차에서 튕겨 나간 마부
대신 건초더미가 힘 들여지지 않고 마차에 실렸다

임신 잘하는 법 이 실시간 네이버 조회횟수 567회를 기록하고 있다
숫자는 계속 아이를 낳고 있었고
인터넷 서핑을 하던 아내 뭔가 눈을 반짝이며 클릭을 한다
"나 같은 고민을 갖고 있는 사람이 의외로 많은가봐?"
클릭 순간 더 바짝 화면에 눈을 댔다

암산 잘하는 법?
피식 웃음이 터져 나왔다 암산을 잘해야 임신이 잘되는 걸까?!

"그래 너나 암산 잘해라!"

스크랩

내 책상과 서랍 욕실 주변엔 병장기로 가득하다
칼도 서 너 자루 장도부터 단도까지
여기에 쌍날 도검에 세날 여섯 날 도검, 시퍼런 작두까지

세상을 향해 단정히 혁명을 꿈꾸는
시들어가는 영혼을 향해 항상 전복을 꿈꾸는
MBTI에서 사회적 비판수치가 높게 나타나는 선비의식의
퍼스낼리티 속에서 무르익어가는
세상을 스크랩해가고
자신을 스크랩해가며
눈물 젖은 정보 피 뚝 뚝 지는 살점만을 골라
면적 넓은 심장에 모자이크해나가는

오늘, 그는 쇠 부스러기나 파쇠, 고철을 모아
예리한 병장기 만들기에 부산하다

자아분화*

짓궂은 사육사 양지 바른 쪽 봄 햇살에 기대
아지랑이처럼 수음을 시작했지
뭐든 흉내 내길 좋아하는 원숭이들
하나 둘 주름진 눈 크게 뜨고 지켜보다
이구동성 따라 하기 시작했대
너무 신난거야
그 날 이후 원숭이 몇 놈은 식음 전폐
아무리 말리고 달래도
그 짓을 되풀이 하는 거야

세상은 너무 쉽게
아지랑이를 흥분 시키지
무르익은 전희도 없이
다가서는 봄 매춘의,

사육사는 쫓겨났을까?!

* 자아분화 : 보웬(bowen)의 가족치료 이론 중 감정과 사고의 분리개념

블루벨벳*

조물주는 애초부터 전략적 思考에 출중했거나 전통적인 영국인보다 더 유머감각이 넘쳤는지 몰라 아니면 체질적인 장난기가 대단하셨거나 '꺽지' 말일세 그 놈 아가미 조금 아래 쪽 배를 한번 보게 파르스름한 광채의 가짜 눈이 버젓이 하나씩 더 붙어있을 테니까 결국 그 놈은 눈이 4개인 셈이지 그 짝퉁의 눈으로 꺽지는 유일하게 포식자 어류대열에 올라있더군(**유인(誘引)과 방어(防禦) 시스템을 완벽히 구축한 점을 인정받아**) 형사들에게도 좀 붙여주면 어떨까 싶어 또 막다른 13번 째 골목에 선 이상(李箱)이나 언어유희에 바쁜 시인에게도

히틀러는 파르스름한 광채의 호수 같은 눈 속으로 전 게르만인을 끌어들였다 그리고 연합군 전선을 동이 트기도 전에 장악했다 전선(戰線)에서 그의 제스처는 꺽지의 힘차고 날센 지느러미보다 더 팔딱거렸고 블랙의 긴 장화가 받쳐주던 그의 두 음낭은 포성 같은 웅변이 터질 때 마다 한시도 가만있질 못했다 그 뿐인가 철성(鐵聲)의 그의 웅변은 언제나 射精파이프의 뇌관을 건드려 게르만인의 위대한 DNA를 사정없이 분출했고 ……. 그래도 그의 매력의 압권은 푸르른 광채의 눈초리 이었다지.

어쩌면 그렇게 꺽지의 가짜 눈을 세계대전에까지 끌어들일 수 있었을까 들리는 얘기론 히틀러가 지금도 밤이 깊어지면 강가로 나와 야간사냥에 몰두해 있는 꺽지를 찾아본다네 오늘처럼 달빛이 교교하고 강물이 깊어지는 밤이면 더 더욱……,

* 블루벨벳 : 데이비드 린치감독의 영화, 삶의 기괴스런 면을 독특하게 재연

公人 되던 날

TV에선 CCTV속의 내가 여전히 보도되고 있다
저 나이에 아직도 手淫을 할까
사람들은 낄낄거리다 혀를 끌끌 찰 것이다
이 나라엔 〈초상권 보호법〉도 없단 말인가
모자이크 처리를 했지만 굵고 짙은 눈썹 야릇이 웃는 옆모습
유난히 힘줄이 돋아난 손등만 봐도 분명 나, 나다
그것도 가끔씩 아주 가끔씩 아내가 외출하고
슈나우저 마저 애들이 데리고 나간 뒤
은밀히 포르노테잎을 보며 이뤄진 일인데
일시에 저녁TV뉴스 公人이 되고 말다니
외출해서 돌아온 아내는 저녁 밥상머리에서 어머머를 연발하며
TV속 그 공인을 미간에 힘을 주며 바라보고 있다. 나와 그를 번갈아가며 아내도 낄낄거리다 끌끌 혀를 찼다
나는 내방으로 슬며시 들어가 〈국민의 수음 금지법〉 조항이 언제부터 공포됐는지 법전을 뒤적였다 그때 아내가 과일을 들고 들어왔다 아내는 나와 법전을 번갈아보다 혀를 끌끌 찼다
오늘이 두 번째 들킨 날이다 중학생 때 이후로……,

슈나우저*

식탁 밑에서 주군의 발등을 핥는 건
주종 관계 이전의 폭넓은 가족애야
난로가에서 턱을 괴고
창밖을 보거나 싸락눈을 털어내거나
주군의 눈을 보고 있는 건
無言의 侍立자세지 출격명령을 기다리는
태곳적부터의…
나는 종종 코끝부터 꼬리 끝 까지를 '한 일'字 쓰듯
길게 몸을 펴 忠直의 신호를 보내지
오해를 불러일으키지 않는 직선의 시립자세라고 할까
내 눈이 처음엔 개 그대로의 개 눈깔이었는데
지금은 사람 눈처럼 변해버렸대
사람 눈과 지긋이 맞춘다는 거야
주군의 막내아들 표현이지만

개가 사람의 시선으로 올라타는 순간이다

시립자세는 밝고 어둠 없이 이뤄졌고
조건 없는 俯伏은 수시로 길게 이어졌다
녀석의 눈을 길게 보지 말 것

나의 슬픔이 언제 그 눈으로 옮겨졌을까
녀석을 길게 껴안지 말 것
그 따뜻함으로 주군을 위로하려 들다니
녀석의 조촐한 식탁을 개선하려 들지 말 것
나이들수록 식이섬유가 서로를 살리는 일

짐승과의 지독한 감정이입
처용처럼 아내를 뺏길 것 같은 개 같은 불안

* 슈나우저: 필자의 집에서 기르는 애완견

신발노조

아침신문을 읽다가 '산별노조'에 관한 기사에 눈이 갔다
산별노조가 '신발노조'로 보이는 것은
내가 꼭 신발장사이기 때문만은 아니다

밤낮으로 꽹과리치고 꽹과리 같은 고함지르고
어쭙잖은 복면 쓰고 열사처럼
구국이나 민주를 내세우는 未成熟
겉만 번지르르한 꽃들에게 식상했기 때문이리라

제 몸 향기에
남들마저 사르르 눈을 감는 꽃이 되어다오
꽃이 아닐지라도 넘치는 푸름만으로
청량감을 주고 정직해 보이는 나무나 풀이 되어다오

우리는 지금 편안한 고무신 신고 풀밭으로 간다

단맛의 신음

옛날에 수박 살 땐
그 녀의 심장을 △형으로 깊숙이 찔려본 후
단맛이 내는 신음소리가 들려야 돈을 치렀지
신부 값으로…
그녀는 찬 물속에서 이리저리 뒤척이다
처녀막의 마개가 빠져 순수성이 희석되기도 했지

해마다 여름이면 잘 익은 처녀 고르는 맛으로
염천이 싫지 않았어

녹색의 둥근 치마위에 악한의 굵고 험한 생채기가
무자비하게 흐트러진 수박은 대부분
붉게 잘 익고 씨도 검었어

성숙의 빛깔은 언제나 검으면서도 빛이 나는가 봐 흑진주처럼

Adam's apple

사람들은 젊은이들은 시정잡배가 아니어도 한 때
여자를 '따 먹는다'는 표현을 썼다
아담과 이브시절 아담이 몸부림치다 따먹은 사과
그 사과에 걸려 아직도 남성의 목젖엔 바람기 같은 상흔이
툭 튀어나와있다
'휘리릭' 가서 '톡' 따오자
〈전국 따먹기대회〉가 조선일보에서 열렸다
도화살들에겐 침이 고여 올만큼 달콤한
복분자 · 자두 · 블루베리 아가씨들이 익어가기 시작했다
6-7월 지금 전국은 간통죄 무용론이 우후죽순처럼 솟구치고 있다
"휘리릭 가서 톡 따먹자"

전력의 비대칭
-잃어버린 하느님-

'창검을 손에 익히고 말을 다루는데 일생을 바친
고귀하고 용맹스런 귀족기사'
기사도란 말을 들어 본 적도 없는 천민출신 보병이 쏜 총 한 방에
주톳빛 얼굴로 꼬꾸라지고 말았다

처녀막 재생수술로 시집간 후에도 여러 번 새 시집을 갔던
'불량소녀 장미'
그녀는 오늘도 나팔관 같은 물관에*
파스텔 톤의 영롱한 색깔을 주입받기 위해
화끈한 가랑이 벌리고 수술대에 누었다.
집도醫는 끈적이는 시선으로 연실 야릇한 미소를 지으며
"일품이야 일품이고 말고!"를 연발하며 알듯 말듯 중얼거렸다
양재동 공판장에서 흰장미나 붉은 장미의 무려 5배나 더 값을 쳐주는
'레인보우 로즈'의 값은 한 송이에 4,000원을 호가하고 있다.

일본으로 수출계약이 끝나는 다음 달엔 밤무대를 보다
현란하게 달궈내기 위해 야광미녀*를 배출할 계획이란다
아이고! 하느님 제발 제 언더웨어 색깔은
제가 입던 대로 레드계열이나 흰색 등으로 족하옵나이다.

그저 소녀들이 다가서고 취객들이 다가와 "음, 그 향기 한 번 은
은하다"고 코를 들이밀다 벌에 쏘이고 지하철 꽃집에서 안개꽃과
섞어 육칠 천원에 한 다발을 만들어주면 아내 생일날 체면치레를
했던 그 만인의 장미에 머물게 해 주시옵소서 아멘

*물관 : 장미색을 변형시켜 피워내기 위해 장미 줄기 아랫부분인 물관에 색소를 주입하는 과정
*야광미녀 : 축광물질을 물관에 주입해 어두울 때 빛을 뿜어내는 변형장미

봄, 애끓는……,

끝없는 나락으로 빠져들던 아픔을 딛고
각혈을 한 자리마다
선홍빛 진주들 돋아나고 있다

화석처럼 굳어가던 자신을 더는
바라볼 수 없었던
몸부림이었을까
어느 날
혁명의 전조처럼 타오르기 시작한
들불
들불
들불

外傷이 전혀 없이 이뤄진
완벽한
內出血 이었다.

이사금

한 나이 드신 분이 내게

"금년 연치가 어떻게 되시는지요?"
이빨 사이로 사과자국 나듯 물었다
순박한 세월을 이빨에 의존해 살아오신 이분
젊음을 파먹으며 듬성듬성 남은 이사금*
노을이 그의 황금빛 어금니를
눈부시게 비치며 지나간다

연치로 왕이 될 수 없었던 사나이

* 이사금 : 신라에서 사용했던 임금의 칭호

나도 횃대에서 자 볼까나

이 세상 모든 생명체는 잠을 잔다
(봄날의 부지깽이들도 저절로 대지에 꽂혀
웃으며 잠을 잔 다 유전자를 토해내기 위한)
원시인도 잠을 잤고 아담과 이브도 잠을 잤을 것이다
함께 잤는지 따로 잤는지는 모르지만
헐벗은 십자가 두 팔 벌린
노량진 강가 겨울나무들도 어둠이 내려앉으면 잠을 자고
암탉 수탉도 자기 주인들 소리가 잦아들면
노곤한 잠을 청 한다 횃대 외발 침대에서
반항아는 꼭 있지
유독 그렇게 푸근하고 양모 같은 아내가 있는 잠자리에서
교감신경만 날카로워가는 사나이
악몽과 승강이하다 일어나는 아침
풀들이 먼저 일어났다 눈부신 햇살과 함께

배후

인간의 修辭學에서 뒷모습은 제외된 메시지였지 애초부터
술수의 영역과는 저만큼 떨어져있던
裸坐地 보다 더 휑뎅그렁한

어깨선에서 찰랑이는 물결 흑장미 향을 뿌리며
양 포물선이 그어댄 서럽도록 잘록한 흐느낌
밖으로만 향하던 원심력, 팽팽한 정념으로 구축된
에덴의 구릉지

그녀가 걷고 있다
흔한 귀고리 목걸이 가락지 하나 보이지 않는다
숄더백을 맨 왼쪽 어깨, 6시 5분전 방향에서 사뿐거리고
내 젓는 팔의 각도 마사이족을 좀 닮아 보일 뿐
아까보다 더 씩씩히 걷는 그녀
나의 시야 그녀를 풀어주었다
지금도 그녀의 얼굴을 모르는 나
내 삶의 대부분 나날들 속에서

뒷모습은 너무 정직해 서럽다

변이 유전자 334*

뜨거운 한숨으로 출렁이는 파도의
심장의 두근거림
붉으스레 번지는 광대뼈의 수줍음
만으론 桃花煞을 다 얘기 할 순 없다

**수컷제비의 가슴팍 깃털을 붉게 염색해 날려 보내자 짝지으려는 암컷들,
엄청난 양의 테스토스테론을 분비하며 붉은 가슴팍을 에워쌌다**

그녀들은 더 일찍 새로운 짝을 맞아 새끼를 더 많이 낳았으며
더는 광대뼈에 홍조를 띠는 일이 없어졌다
사람 · 사자 · 고양이 등을 앞세운 지구상의 동물들
조류, 곤충에 이르기까지 바람 잘 날 없는 바람기
생존의 제2법칙 화려한 존엄성 그 확인 자체인지도 몰라
더 많은 유전인자를 각인시키려는

눈물겹도록 뻔뻔하고 현란한

---

* 변이유전자334: 스웨덴 카롤린스카연구소가 최근 규명한 인간의 '바람기 유전자' 호르몬

프렌치 키스

목사님은 祝禱 내내 눈을 감고 있었지 눈을 뜨면
성령의 말씀이 새 나가기라도 한다는 듯
노래 할 땐 눈 감을 때가 종종 있었지 나도
내면이 허술해 보일까 봐
나를 진맥하던 의원도 지그시 눈을 감았지
자신의 맥을 짚어내는 게 아닌가 싶을 정도로
눈을 감은 건 그 때뿐만이 아니었어

달빛을 끌어들여
애를 다 녹여 내던 大答의 첫 키스
반쯤 눈을 감았거나 다 감고한 연주

눈을 감는다는 건 畏敬
꽃이 몸을 여는 찰나의 겸양지덕 같은 게 아닐까
내 영혼의 더 큰 농밀함을 찾아 깨달음의 행장을 꾸리는
수행자의 새벽 같은

채마 밭

채소밭을 '채마'밭 이라고 하니까
상추나 배추 얼갈이가
더 싱싱하게 자랄 것 같아
단숨에 달려가고 싶다

할머니가 채소를 키우는 밭일 것이다
원두막도 있을 것이다
원두막 안에 천둥도 번개도 소낙비도
함께 있을 것이다
심장 저 깊은 곳 시원한 영혼 뽑아 올리는
재래식 펌프도 있을 것이다
감자나 옥수수를 삶기 위해 덜 익은 사람의
염통도 삶아내기 위해 걸어놓은
가마솥도 있을 것 같다

마른 장마

빗줄기의 愛液마저 말라버리고 바람의 숨통이 끊어진 대지
폐병을 앓는 젊은이가 마른 장작을 안고 뛰어든 불장난
숲과 여인들, 대지가 타들어가고 윤기를 잃어가는
극심한 호르몬의 난조

콩알만한 눈동자의 닭들 콩알을 빼놓은 채 가마솥에서 죽어가고
비계를 훈장처럼 뽐내던 돼지들 훈장에 불붙어 죽어간다
36.5도 인간의 체온이 大氣에선 살상의 온도인 모양이다
불을 끌 불을
바람을 일으킬 바람을
숲을 적셔줄
여인을 적셔줄
들끓는 비를 불러다오
숲의 땀구멍 사이를
여인의 솜털 사이를 촉촉이 파고들
윤활유의 숨결을 불어 넣어다오

하늘이 지금 갱년기에 다다라있다

'Superimposed title'*에 관한 보고서
참조 : TV프로그램 제작 · 편성 담당자

신소재로서 전혀 위용을 갖추지 않은
위용은커녕
철기시대를 지난 플라스틱 시대에서도
플라스틱 보다 더 무미건조하고 짜증스런 文字

문짝을 억지로 꿰어 맞추다
창틀의 맑은 감성이 어긋나버린
思考의 삐그덕거림
이유없이 가려워지는
어설픈 산탄총의
녹쓴 화약 냄새 코를 찌르는

영상미의 잔잔한 물결
정보전달의 중후한 파이프 향을 向해
무뢰배처럼 짓밟고 들어오는
  '참을 수 없는 존재의 가벼움'
으로 思料됨

追伸 : 그래도 고마운 건 있음.
맞춤법과 띄어쓰기, 비속어, 은어, 정체불명의 신조어 등을 제대로 가르쳐 주는 현란함과 넘치는 자막 덕에 문자발생기를 운용하는 기사의 봉급봉투가 두툼해지는……,

*Superimposed title : 텔레비전 영상의 자막(subtitles), 영화의 타이틀(credits)

개런티를 받는 비둘기?

마술사의 소매 속을 휘돌다 무대로 나온 비둘기
얼굴이 반쪽이다
핏기와 활기가 반납된 고아원 아이처럼 겨우
양 날갯죽지 힘으로 무대 반경만을 날아다니는
젖은 언제 뗐고
창공은 언제 닫혔을까

고용조건은 제대로 지켜주는 것일까
回當 개런티나 생리휴가나 정기휴무 등

나는 무대 뒤편으로 숨어들어가 비둘기를 꼬여냈으나
도주시키기엔 역부족이었다
고용의 제 1조건으로 마술사에게 순정까지 바친 상태

길들여지는 일은 슬픈 일일까?

흰 구름 따라 떠간 언저리에

짚신 바닥 숭숭 뚫린 틈에 끼어 세 번째 발걸음에 튕겨 나온 개미 절룩이는 왼쪽다리를 '기파랑이 제비다리 보듯 살펴보는 아침

〈수금(獸禽)의 생명이여 품성은 각기 다르나 목숨은 같으니라. 아까운 생명이지만 의로운 죽음을 피하지 않음이니 인류복지와 同類禽獸의 보건을 위해 사람을 원망하지 말지어다……〉

바나나 사과 소시지 사료가 진설된 제상 앞, 제문이 낭송되자 희뿌연 어둠속에서 빨간 눈을 반짝이며 모르모트가 다가서고 목덜미 풍경소리를 죽이며 얼룩소가 좌정하네
올들어 여든 한 번째 위령제 '식품의약품안전청 국립독성과학원' 60여 직원들, 제상 앞에 흰 국화를 놓고 진중한 자세로 묵도하고 있다. 그것이 미물이든 축생의 생명이든 인간의 건강을 위해 희생되는 심장의 뜨거운 박동이었음을 잊지 않게 해달라는……,

연 50,000 마리의 동물들이 목숨을 내려놓는다.

사람이 사는 것도 다, 죽을 때까지의 자기 실험이 아닐까 실험도구만 남겨놓고 떠나는

'때까치'*에 관한 보고서

로마제국은 "늙은 비애"를 눕히고 못을 박았다
양 손바닥과 가슴, 발등에…
항변의 발뒤꿈치가 축으로 세워진 발등엔 어떻게
못을 박았을까
인류는 유사 이래 국가조직을 이루고 중세를 넘어설 때까지 죄에 대한 형벌을 끊임없이 창안해 왔다 괴기와 엽기를 찾아 헤매는 21세기 현대인에 뒤질세라 〈높은 벼랑 끝에 세워놓고 떨어뜨리기〉〈산 채로 가죽자루에 넣어 바다로 던지기〉〈가마솥에 삶기〉〈사형수 머리 꼬챙이에 꽂아두기 등〉
'때까치'도 수천 년 동안 인간의 형 집행을 보고 배워왔을까 좀 더 엽기적이며 스릴있는 식사를 위해 도마뱀 개구리 등 포획한 먹잇감을 산 채로 나무가시에 깊숙이 꽂아 놓는다 검투사처럼 서서히 공략하기위해 회심의 미스를 날리며
공개처형의 수 천 년 역사 속에서 운집한 군중들은 발을 동동 굴렀다 안타까움이 아닌 열광의 함성으로, 엽기적 미소를 띠우며 식사하는 때까치처럼

---

* 때까치 : 개구리 도마뱀 등을 잡아먹고 사는 새로서 사냥한 먹잇감을 나무 가시 등에 꽂아놓은 후 먹는 습성의 조류

어느 흉곽에 대한 報告

'흉곽'은 가슴을 싸고 있는 뼈 골격을 말하지요 어느 날 내 가슴을 진찰하던 의사는 고갤 갸우뚱하며 "당신 가슴은 성곽을 닮았군요"하며 한 번 더 두드려 보는 게 아닌가 그때 재미있게도 내 가슴에선 정말 성곽의 큰 울림이 퉁 퉁 거렸다 나는 의사를 통통 튀는 시선으로 바라보았고 그는 내게 다시 이런 흉곽은 아주 드물게 중세 유럽의 더 앞질러 고대 로마 성곽에서나 볼 수 있는 내곽과 외곽의 구조라고 말했다 공격과 방어의 動線이 치밀하고 견고한 그동안 나는 얼마나 몽골 기마병처럼 메마른 초원의 바람을 가르며 사선을 타넘는 전투를 치러왔던가 한줌 분량의 兵站만을 허리춤에 꿰차고 때론 팔랑크스*기병이 돼 매몰찬 세월의 집중포화와 포위망을 넘나들며
철갑으로 견뎌온 내 심장의 외곽과 내곽; 긴 폐활량을 따라 흐르는 흉곽지느러미의 숨죽인 팔딱임으로……,

* 팔랑크스(Phalanx): 10세기 경 서로마제국 멸망이후 알렉산드로스 대왕이 조직한 철갑 중무장의 보병군단

왕진 길에서

나는 눈길을 터벅터벅 걸어 往診 길에 나섰지요
그가 사는 곳이 산골마을 외딴 집이라 소나무 밑을 지날 때는 나뭇가지에 쌓였던 눈들이 내 발자국 소리에 놀라 머리 위로 눈꽃송이 세례를 퍼붓곤 했지요 내가 가방에 챙기고 나선 것은 그의 病歷을 감안해 법정의 수필집과 이해인의 시집 이어령의 수상집 등 이었습니다 좀 의외지요 왕진 나선 의사가 약이나 의료기구보다 책을 먼저 챙긴 게 말입니다 물론 청진기와 혈압, 체온계, 위장과 심장 관련 약 그리고 주사제는 들어있었지요
탱자나무 울타리로 빙 둘러쳐진 그의 집 입구에서 눈 범벅이 된 신발을 털자 예민한 그가 마치 산 메아리처럼 나왔지요. 며칠째 면도를 안한 듯 구렛나루와 턱 주변이 수염으로 덤불을 이룬 것만 빼면 특별히 아픈 기색은 없어 보였지요 하지만 문진과 진맥을 통해 본 그의 상태는 상당히 心虛가 진행돼 있었지요 억장이 눈사태처럼 무너져 내릴 땐 "뭐 내 마음 내가 다스리고 살아가는데 무슨 중병으로야 번져가겠나?" 했는데 그게 몸의 병으로 강물처럼 깊어버린것 같다는 얘기였지요 "눈사태처럼 억장이 무너져 내린다"고 그가 얘길 할 땐 왕진간 의사인 나도 마음 한 쪽 구석부터 뭔가 모르게 무겁게 무너져 내리는 기분이었지요 그러자 환자인 그가 오히려 내 표정을 살피며 안쓰러운 듯 내 가슴을 쓸어내려 주었지요
나는 그에게 더운 차를 수시로 들며 "마음과 싸우지 말고 다만 마

음을 옆으로 내려놓으라"얘기했지요 " 삶은 풀어야할 문제가 아
니라 살아가야 할 신비이기 때문이다"라는 어느 선사의 얘기를 들
려주며……,
산골마을을 뒤로하고 나서자 눈은 점점 푸근히 굵어지고 있었고
왕진가방을 든 손잡이에도 억장처럼 눈이 쌓여가기 시작했지요

수경재배

고구마는 어미였다. 산청도 마련되지 않은 채
태반을 드러내지 않고 치러지는 출산
한 뼘 햇살과 한 줌 수분만이
창가를 기웃거리는 인간의 거실에서
어금니를 깨물라는 조산원의 냉혹한 한마디

온 몸의 녹말분자
맥 풀리듯 오래오래 풀어지고 있다
살과 뼈와 어금니를 깨물던 붉은 피
무성해진 잎으로 다 빨려드는 날

가시고기처럼 수면으로 떠오르는 날의 기쁨

잘 깎는 나

손톱도 발톱도 잘 깎는다 짧게
물건 값도 잘 깎는다
말도 짧게 잘한다 깎아서
연필도 잘 깎았다 공부는 못했지만
오랫동안
길고 뾰쪽하게
잘 깎여진 손·발톱
예민하다
예민하다는 건 날카롭다와 사촌쯤의
예민한 눈길
예민한 눈길로 중년까지 걸어왔네

호흡을 다스리는 일이 삶을 다스리는 일이라는 걸
몰아치는 여름날 폭풍우 속에서 허리 부여잡고 깨달았네
유장한 호흡 유장한 삶의 향기일 수도 있지
이제 향기를 길게 갖는 손톱을 가지려하네
후미진 꿈의 골목에서도 멱살 잡지 않고 울지 않는
트라우마와 어깨동무하는, 긴 꿈을 가지려하네

몸뚱어리, 그 후

육신을 들끓게 했던 내장기관의 해체, 그렇게 어려운 일이 아니었지
다섯 손가락을 갈퀴처럼 30도로 구부려 등뼈 깊숙이 쑤셔넣고 우두둑 뜯어낸거야 눈알 크기의 난황이 황소처럼 더운 김을 내뿜으며 주렁주렁 매달려 나왔지**(생명의 근원이라지만 품위가 없어 보였어)**
프로메테우스의 널찍한 간도 빛났어 戰士의 투구처럼, 따로 떼어 놓았지
전골에서 제외되는 큰창자 작은창자 똥줄도 모락모락 비린내를 뿜내며 손가락 사이를 빠져 나왔지 혼이 담겨 있었을 육신이라고 하기엔 시골집 댓돌처럼 휑뎅그렁했어 양손으로 흉곽을 눌러 젖히자 우두둑 혼이 날아가 버렸지
뒤뚱뒤뚱 날아가는 혼을 보고 웃음을 참느라 혼이 났지**(주검 앞에서 내가 좀 경망스러웠어)**

내일부턴 더 이상 아침이 오지 않을거야
물론 새벽을 알려주는 일도 계림이란 도시도 없어질 거고 퍼석퍼석하면서도 씹을수록 쫄깃한 앞 가슴살도 도리탕도 고도리도 계란말이도 후라이도 샌드위치도 샌드위치 백작도 다시는 나타나지 않을 거야 포커도 없어지겠군

우리는 '끝'이었고 일본은 '終'으로 표시되며 영화가 끝났어!

나그네 비

지나가는 비와 만났다
지나가는 비는 나그네 비 일까
사람들이 비에게 물어봤을까
어디를 지나 가냐고
물어보지도 않고
지나가는 비라고 하는 건
주관적 사고의 편의성일까

지나가는 비와 나는
아무 말도 눈인사도 나누지 않았다 서로
쑥스러워 질 수 있으므로

달궈 질대로 달궈진 여름날 오후여서
사람들은 모두 시원해했다 비만 빼놓고
지나가는 심장 속으로 뛰어드는 사람도 있었다
지나가는 비 보다 지나가는 사람들이 더 많이 보였다

사람들은 모두 지나갈 것 이다
세상엔 내 곁엔 온통
지나가는 사람만 살고 있다 머무를 수 없기 때문에

지나가야만 하는 우리는 지금,

나그네 비다 누구도 악수를 청하지 않는……,
약속을 하지 않은……,

과일

그가 품은 꿀의 농도
젖 봉오리 속 향내
다홍의 숨 막히는 치마 속
백납처럼 분칠한 얼굴
굳게 다문
조그맣고 새빨간 입술
쌍꺼풀이 없는 가느다란 눈매
잇몸을 다 드러내거나 감추고 웃는
그 속에서 빛나는 단맛의, 섹스
식량이나 기호(嗜好)나
애피타이저 일 수 없었던
배태된 관능
태초의 꽃이었거나 여인이었거나 알몸이었거나 입술이었던

토끼풀

향 풀에서는 향내가 토끼풀에서는 토끼내가
저 먼 달나라 달 속에서도
떡방아 찧는 토끼냄새 떡 냄새
대나무 숲에서는 콜록이는 선비의 기침소리가

나무속을 걸으면 숲길로 접어들면 나는 꼭
나무들의 은밀한 대화를 훔친다 개 코가 돼
면적 넓은 양 콧방울을 킁 킁 거린다
숲은 어느 때 말했지
"사람들은 참 외로운가봐
하늘을 올려다보며 지그시 눈을 감는 저 사람 좀 봐"

毒

Ⅰ
"같은 물을 마셔도
뱀인 내가 마시면 독이 되고 소가 마시면 우유가 된다"고
참 아찔한 수사학이다
독은 처음부터 존재하지 않았다오 최소한 내가 生存을 위협받기 전까진
귀밑 침샘엔 당신들 사람의 타액과 비슷한
단백질·효소 성분에 지니지 않는 침이 좀 고여 있었을 뿐이오
독침의 칼날을 발사하게 하는 건 언제나 인간이었소
오뉴월에도 서릿발을 심장에 품고 사는 인간들 세상 말이오

Ⅱ
남이 내게 뿜어댄 독에 쏘이고
내가 나에게 뿜어댄 독에 쏘여
하루가 퉁퉁 부은 채 저물었다
어둠 속에서 병원 갈 길도 멀고 병원 찾기도 어렵다
퉁퉁 부은 몸을 부둥켜안고 날이 밝아올 때까지
입으로 독을 빨아 낼 수밖에
가족들조차 내게서 멀리 떨어져있다 뽑아낸 독물이 자신들에게 튈까봐 나는 빨아낸 독을 도로 삼킬 수도 뱉을 수도 없는 꿀 먹은 벙어리가 됐다

독은 다시 서서히 내 몸속으로 스며들었다

보쌈

씌여지는 것은 어쩔 수 없는 기쁨일까
씌여지듯 끌려가는 잠재의식
얼마나 많은 과수들이 웃음을 쿡 쿡 감추며
기쁘게 포장돼 갔냐구 선물처럼
생각해봐 피식 웃음이 나면서도 조금은 무서웠겠지

아내를 만날 때도 새로운 애인이 다가설 때도 그랬어
못 이기는 체 끌려가고 싶었어 괜히 간지러웠지
요즘 새벽녘 발기만 해도 그래
시적영감처럼 붕긋이 씌여지는거야 중학생처럼
과감한 용맹정진을 이끌어주지

詩作노트가 차오른 혈액처럼 기분 좋게 풀리는 콩깍지

노출과 관음의
-여름

팔만 잘라버릴 수 없었기 때문에
무릎아래 다리까지 잘라버렸다
여름이 시원했다
훤히 들여다보이는 여름
들여다볼수록 시원한 여름
더 벌려주었다

노출과 관음(觀淫)의 절묘한 협상

맷집

나를 더 이상 맷집 좋다는 화려한 수사학으로 달래며
오체투지 중인 티베트의 수행자로 내 몰지 말라
콘크리트 바닥과 조응하며
영혼의 조각마저 추스를 수 없는
물방울의 아픔을 아는가

물방울은 터지면서
수많은 작은 물방울을 남긴 채 장렬한 죽음을 맞는다
빗방울도 하나하나 스스로 터지고 쪼개져야만
우산 위의 경쾌한 리듬을 연주하고
대지를 적셔주고 애액의 눈부신 황홀로 이끈다

땅이 합장하며 하늘의 뜨거운 눈물 조각조각 받아들이는

달 마중

'고을 艶'字를 한자로 쓰다가
입술연지 열심히 칠하고 있는
농부의 아낙이 생각났다
경대를 바짝 껴안고 삼매경에 빠진
댓돌 위 흙 묻은 신발
한 쪽은 위, 한 쪽은 아래로 떨어져 있는
밭일 하다 갑자기 입술을
붉게 붉게 색(色)칠하고 싶었을까?

아낙은 그 날 저녁부터 달거리에 들어갔다

비에 젖은 샹송

여름은 쓸쓸한 가을을 맞기 위해
더욱 기승을 부렸다
열어젖힌 창가로 소나기처럼 달라붙는
습관적인 관음증
농도를 더해 갈수록 약효가 저하되는
우울한 샹송 속에서 나는 인터넷에 접속했다
(처녀성의 경제 가격은 얼마?)
"현대판 소녀 심청이 - 엄마 치료비 위해 처녀성 경매"
헤드라인이 눈에 들어왔다
스페인의 한 여성이 톱 리스 차림으로 엎드려 있는 전신 샷 사진
과 함께

에블린 두에노스(28세)라는 처녀가 자신의 순결을
가장 높은 가격에 사준 사람에게 하룻밤 호텔에서
동침해 준다는 조건이 달려있다
지금까지 처녀성 최고의 경매 낙찰가는 200만 달러
우리 돈으로 약 24억, 노트에 1200을 곱하고 동그라미 확인 후 계
산된 금액

나는 그 기사를 호기롭게 보다가
신경질적으로 다시 수음을 시작했다
여름이 휘청이고 있다 잘도 가고 있다
가을에 넘길 배턴도 휘청이고 있다

비수

비수 비(匕)字는 짧고 날카로운 칼에
새 깃을 단 거야
푸 르 르 힘차게 날아
붉은 심장을
한 번에 맞추라는 신호지

얼마나 많은 언어유희가
곤룡포가 습작시인이
이 신호의 위협을 받았을까
장옷을 둘러쓰고 잠행하던 엄상궁도
음모를 꾸미던 화안옹주도
죽비에 잠이 달아나던
새벽녘 내 영혼도

푸 르 르 힘차게 날아 내 심장을 붉게 꿰뚫어다오 비수여!

서시(西施)의 미소*

칙칙한 어둠속으로 빗줄기가 하나하나 채워지는 밤이었어
이끼긴 담장위로 스턴트맨처럼 솟구쳐 오른
검정고양이
발광체의 두 눈만이 빗줄기속 어둠을 응시하고 있었지

교성
嬌聲이라고 할까?
끊어질듯 이어지는 서시의 미소라고 할까
전신의 솜털이 스멀스멀 일어설 만큼
간절한 울음이었어
갓난애가 자지러드는 듯한

아마
짐승들은 교성을 산 채로 드러내고
사람들은 교성을 숨죽여 끌어안고 살아오지 않았나 싶어
목젖을 타넘고 담장을 건너오는 교성

얼마나 짜릿한 수천 년 동안의 멜로디이냐구?
솜털 일으켜 세우며 숨가쁘게 저며 오는 저
아담과 이브의 현란한 커뮤니케이션

분홍빛의 어설프면서도 눈부신

* 西施의 미소 : 춘추전국시대 월나라의 전설적 미녀.

자작과 나

자작나무는 자작의 영화를 누리다 나무가 됐을까?
위엄있게 콧수염도 기르고 벨벳 조끼에 황금빛 회중시계도 넣고
백작부인과 몰래 로맨스도 즐겼을까
자작나무 숲을 거닐며 나는
생산적 오독 속에서 자작 각하가 된다
스스로를 자작자작 태우는 화력 좋은 나무
은회색 빛 길고 청아한 연기만을 하늘로 날리는

황혼 무렵 황금燈이 달린 마차에서 내려 긴 장화의
부드럽고 위엄 있는 예리성을 저택의 발코니에 깔고
男 저음으로 들어서는 사나이

자작자작 스스로를 눈물겹게 태우면서
자작(子爵)이 되고 싶은
나무가 되고 싶은

나무연가 1

나무는 일상의 감동으로 서있다
(앉아 있거나 눕지 않고 읽는 경전)
사람들의 많은 일상이
무감동의 나무로 서있는 세상에서
그는 손을 내밀지 않는다
웃지도 울지도 번쩍이지도 않는
5월의 淡淡如水
목걸이 귀걸이 그 흔한 14k 반지마저 없는
이제 막 첫 물결을 맞은
해맑은 소녀의 튼실한 미소

감동을 이끌어내지 않아도 제 스스로 다가서는
저 푸르름의 벅찬 표면장력

가끔 뜨거운 눈물로 크게 일렁이는

계륵鷄肋

입지 않는 옷가지들 방 가운데 끌어냈다
변방을 침범하며 약탈을 일삼던
내 번다한 사념의 오랑캐 같던 그들
오랏줄에 묶여 나오며 나를 빤히 올려다 보고있다

아우슈비츠 심사대에 선 그들
혈색과 남아있는 근력이
하루살이 삶의 연장 기준이던 당시
사금파리를 주워 매일 아침 면도로
죽어가던 혈색을 살려내던
한 사나이의
기가 막힌 연명 술

포로들이 나를 붙들고 매소부처럼 매달리는 저녁
아직은~
나는~
우리 집은~
난 포로들을 묶은 채 장롱 한 구석에 내팽개쳤다
그들 중 누군가 중얼거렸다
"내일은 사금파리라도 구해 놔야지"

아내

안해는 말하지 않아도
이미 내 몸속 내 마음속 둥글게 차있는 보름달
피와 뼛조각 핏덩이를 부등켜 안았던 혈맹구조
구조요청이 없어도 어느새 달려오는
내 몸의 또 다른 恒常性

나를 채우며 그녀를 채우며
돌 돌 깔깔 말아 올리며 웃게 하는
두레박 또는 도르래
30년 세월동안
내 몸속에 들어와 앉아있는
바위
산
숲
계곡
물길
안개
폭포

득음을 향해 마주보고 合掌해가는
陣中수행중인……

지금 밖은 낮인가요?

440년 동안 물소리 바람소리 地神의 염불을 들으며
칠성판에 누워있던 조선의 여신
그녀가 산발한 채 21세기 도시로 나왔다

17세기에서 21세기로 건너온 여자

*파평 윤씨 24대손 21살의 임산부
그녀는 아직도 내려놓지 못한 業報를 강보 대신 자궁에 담고
문화재 위원, 고고학자들에 둘러싸여 인터뷰를 했다
그녀는 다시 자궁에 싼 아들을 안고 미국까지 건너갔다
그곳 산부인과 전문의와 時·空을 뛰어넘는 수천 년의 얘기가 오갔다
간 폐 대장 등 내장기관이 거의 보존된 가운데
그녀의 거푸집 같은 자궁 아래쪽에서
음낭이 죽음의 추처럼 흔들거렸고
추가 멈춘 것을 직감한 그녀
産廳에서 양손의 옥양목 끈을 놓아버렸다

우주 안의 우주도 꺼졌고
우주를 붙들던 우주도 꺼졌다
세상의 모든 불이 꺼졌다
풀잎조차 땅 밑으로 누워버렸다

* 2002년 9월 경기도 파주시 교하읍에서 발굴된 미라
  5세기의 시·공간을 넘어선 미라, 안에 있는 태아도 분만 직전 숨진 것으로 밝혀짐

原罪

창은 햇살을 유혹하기위한 최적의 나신으로 태어났다 때론
온 몸을 혀로 변형 시킨다
눈을 감지 않아도 스스로 선율을 기억해
연주하는 저
애끓는 산탄, 발사

창은 이미 햇살과 노곤함에 젖어들었다

속눈썹부터 감겨지는 이
기분 좋은 천상의 노곤함
대지가 평온해지는
부드러운 것의 날카로움이
음핵을 간질이는
봄날 오후 2시22분의

고무나무 연가

종족번식의 처절한 답습 아름답기까지 하지
어느 물장구벌레는 따개비처럼 수백 개의 알을 등짝에 짊어지고
오체투지를 한다지? 새끼들 하나하나 부처처럼 떨어져 나갈 때 까지 위대한 답습, 곤충이나 사람 뿐 만이 아냐
고무나무 속잎이 태반 속에서 살모사 새끼처럼 기어 나오는 것을 본 적 있어 떨어져 나온 태반에 피가 흥건했어 막 몸을 푼 산부의 핼쑥한 미소였어
손바닥에 소중히 올려놓고 보았지 얇지만 숭고한 DNA 속, 피 묻은 치마를, 어미는 진자리를 훔치고 있었고 새끼는 두 가닥 혀를 날름이며 엔도르핀을 분사하고 있었지 짊어지고 살아가야할 세상 냄새를 숨 가쁜 혓바닥으로 감지하고 있었어

사막에서 그는

무너지는 게 삶이다
얼마나 큰 울음 삼키며 폭포는
눈 감고 심장 닫고
허방조차 움켜쥘 수 없는
추락을 택했을까
어둠이 무너져 새벽이 오고 있다
콕 콕 쑤셔오는 서릿발 한기를
꾸우 꾹 눌러 밟으며
발끝만을 보고 걷는

추스르고 부등껴안는 게 삶이다
하루에도 수십 수백차례 우물물은
두레박의 공격으로 얼굴 심장 사지가
흩어진다 피투성이로 뿔뿔이
달랠 수 조차 없이 조각나는 영혼
그가 달아나면서 토해내는 마지막 한숨
우물위로 하얗게 피어오르는

어둠속
우물의 合掌은 길고 차고 깊게 이어진다

흩어진 피 조각난 뼈 한숨 돼 날아간 혼을
불러들이는 시간

우물은
고요한 일상을 다시
平靜의 수면으로 보여주고 있다
큰 아픔을 도려내고 웃는
산부의 핼쑥한 합장, 미소 같은

숲속의 군수님처럼

**세상은 나의 육신이고 산은 나의 뼈대이며
숲은 내 피부, 강물은 내 피다.**
-디펙 초프라의 영혼을 깨우는 100일간의 여행 중에서-

전생에 푸르름 넘치는 나뭇잎이었거나
숲의 아들인 나무였을지 몰라 난
숲에 다다르면 눈 먼저 감거든
바람이라도 일렁이게 되면
서로가 서로의 몸을 눈도 감지 않은 채
애무라도 할라치면
사르락 사르락 소리라도 낼라치면
난 숲에 드러눕게 되지
탕건도 저고리도 벗어던진 채
새소리 물소리 바람소리 숲 향기에 취해
연설문 앞 줄마져 잃어버린 채

"존경하는 백성 여러분…" 만을 반복하는 숲속의 군수님처럼

肉化

내 세포 속에서 우는 것은
살과 뼈와 피만이 아니었어
숲길을 돌아 나올 때
영혼의 저 먼 기슭에서 부르는 듯한
산비둘기의 구애소리
여름 숲이 더욱 구성졌지
아내와 정사를 나눌 때
그녀와 내가 내던 두 신음소리의 포옹
육화된 어느 언어보다 진솔했다고 할까

〈한번은 심장 이식수술을 받은 어떤 여성이 잠을 자다 깨어났는데 갑자기 맥주와 통닭을 먹고 싶은 생각이 굴뚝같이 일어난 거야 그녀는 좀 기이했대 평소 그런 것을 먹고 싶은 생각이 전혀 없었다는 거야, 뿐만 아냐 자기가 '티미'라고 하는 웬 젊은 남자가 나타나는 이상한 꿈을 꾸기 시작했지 이 여자는 꿈이 너무 이상하다는 생각 끝에 자신에게 심장을 기증한 사람의 신상을 조사해보기 시작했는데 그의 가족들에 의해 알게 된 사실은 심장 기증자가 꿈에 나타났던 티미 라는 젊은이였고 심장기증 직전 그가 맥주와 통닭을 즐겼으며 맥도널드에서 돌아오던 길에 교통사고를 당했다는 거야〉

섬뜩하고 놀라운 사실이지
기증자의 기억 속에 빨려 들어가 사는 삶
세포는 모든 걸 기억하고 있었어
나와 그녀의 웃음도 분노도
어쭙잖은 내 일상의 수많은 제스처마저
멋진 제스처로 깔깔대며 낄낄대며 재재거리며 살 거야 죽는 날까지

세포는 이 모든 것을 유쾌하게 기억할 것 아냐
내가 죽은 이후에도 ……,

* 〈 〉안 부분: 의사이자 심신의학의 창시자인 디팍 · 초프라박사의 '세포의 기억' 중 인용

함박꽃

함박꽃 '芍'이란 한자를 만났을 때 난
하마터면 하 악 하고 함박웃음을 터뜨릴 뻔 했지
풀 초 머리아래 뻐드렁니를 한껏 드러내고 웃는
'작'(芍)이란 글자가 너무 재미있었기 때문이야
금병매에* 나오는 떡 장사 '무대'의 입 떠-억 벌린 모습 이라고 할까
힘도 못쓰고 볼품은 없지만 아내 반금련의 풍만한 엉덩이보다 더 넉넉하고 따뜻한 웃음으로 세상을 살아갔지
반금련 보다 무대 얘기가 더 궁금해 금병매를 끝까지 읽었다면
독자들은 피식 웃을까
아! 염천의 7월이 들끓고 있지만 어서
함박꽃 같은 함박눈 펑펑 쏟아지는
12월이 왔으면 좋겠어
함박눈 푸지게 맞으며 골목골목 돌아다니며 떡을 팔던
무대도 한번 만나보고 무대처럼 웃으며 뻐드렁니도 드러내보게……,

* 금병매: 중국 명대의 장편소설, 당 시대의 부패상과 노골적인 에로티시즘의 묘사로 화제가 됨

아담처럼

공원 벤치에 등을 꺾고 앉아
낮잠을 즐기고 있는 시계
등 받침대 안쪽과 바깥쪽에 각각 뜬 반달
세상이 멎었다 사람들이 멎었다
공원을 가로지르는 無言의
바람소리와 풀잎의 숨소리 뿐

반달은 서로 바라보지 않는 여유를
즐기고 있다
도심공원 한 복판에서
물결처럼
오후 내내 나도 물결 되어
낮잠을 즐길 것이다

이브를 차지한 아담처럼
아담의 품에 안긴 이브처럼……,

身熱

빗방울은
나의 윗입술위로
눈꺼풀위로
딱 한 방울의 정조준을 해왔다
애끓는 신열을 더 달구는
남의 성감대를 교묘히 알아챈

그런 날은 더 이상 사격 자세를 취하지 않았다

한 방울의 자연현상을 움켜쥘 밖에
내가 무장했으니
우주는 무장해제다
소풍은 내가 갈 것이고
도시락은 우주가 들면 그만

아내가 둘 생겼다

돋보기안경으로 1시간 이상 책을 보고 나면
사람과 사물의 상이 2중으로 겹쳐 보인다
인구가 두 배로 늘어나고 땅도 좁아졌다
아내도 둘이 생겼다
어느 쪽이 내 아내일까 처용을 부를 수도 없고
더듬을 수도 없다 대낮부터 취한 내 눈
언덕을 넘으려는 태양도 벌겋고 산책 나온 수캐도 벌겋다
개를 끌고나온 젊은 여자도 벌걸 것이다
내 눈의 수치가 더 떨어지기 전에 아내를 보러 가야 할 것 같다

놀다가 보면 저녁 되고

세상사는 일이 별일 아닌 것 같아도
참 큰 별일 이더라

내가 슬프지 않아도
같이 울어 주어야 되고
내가 기쁘지 않아도
같이 손을 잡고 기뻐해 주어야 하는 것은 기본
남이 진 빚까지 내가 빚을 내 갚아줘야 하니
세상 참 별일이다

별일 많은 세상
낮잠이나 자자
자다가 육관대사를 만나면
성진*처럼 놀아볼까
팔선녀와 함께

놀다가 보면 저녁 되고
밤하늘 별들과 산채 탁주
권커니 잣거니
별 볼일 많은 세상 정담이나 나누다

소풍 끝났다고
돌아가면 되겠지
별 많은 하늘세상으로

*성진 : 고대소설 '구운몽'에 나오는 육관대사의 제자

chapter02

시인의 Essay

탐닉, 그 목숨을 건 식사

'무엇이든 취하지 않고 미치지 않고선 가치 있게 이뤄낼 일이 하나도 없다'라는 시대의 警句도 있다.

이는 건설적이고 생산적, 창의적인 일에 몰두하라는 의미이기도 하다.

예를 들어 비생산적, 자기 파괴적인 일에 몰두하다보면 사회적 비판과 함께 자기 파멸의 길로 접어들게도 된다는 것이다.

죽어서 더욱 유명해지고 돈을 더 많이 벌었던 전설적인 팝가수 엘비스 프레스리!

그는 죽기 직전까지 달콤하고 고소한 팥 도너츠를 엄청나게 즐겼다한다.(어떤 심리적 위축상태에서의 **耽溺**)

평소 체중보다 2~30kg 더 나가는 과체중으로 사망한 그의 사인은 심장압박 쇼크사, 혈중 콜레스테롤 과다 등이었다.

우리가 지나치고 못 먹고 못 살았던 시절, 명절이 돼서야 그나마 쇠고기, 돼지고기를 맛볼 수 있었고 떡도 푸짐하게 먹을 수 있었다.

이러한 3-40년 전의 궁핍했던 시절의 복수일까? 한국인처럼 어디 놀러 가면 바리바리 고기를 싸들고 가는 민족도 없다한다. 현장에서 불판을 만들어 삼겹살을 구워먹고 볶아먹고 찌개를 해 먹는 등, 놀러가기 위해 피크닉에 나서는 게 아니라 게걸스레 먹기 위해 피크닉에 나서는 형상이다.

이제는 이러한 행태가 그만 둘 만큼 잘살고 풍요로워졌는데도 여전히 극성스럽고 유난스럽다.(여름 휴가철이면 돼지고기 가격이 천정부지로 뛰는 것 만 봐도 알 수 있다.)
 물론 음식취향은 한나라의 민족성이나 음식문화의 독특성으로 존중돼야 하지만 시도 때도 없이 특정음식에 탐닉현상을 보이는 것은 한 번쯤 고려 해 볼일이 아닐까!?
 술이 감성적인 음식이라면 커피는 이성적인 음식이라고 한다.
 우리나라 국민만큼 '술'을 통해 비공식적인 모임을 많이 만들고 술을 매개체로 은밀히 정을 키우는 민족도 드물다 한다.
 요즘은 좀 덜 하지만 술좌석이 보통 1,2차에 끝나지 않는다. 송년회 등 좀 비중 있는 회식자리 라고 하면 보통 3차까지 이어지는가 하면 술잔을 돌려가며 바꿔 마시는 권주습관 때문에 술을 주량보다 훨씬 더 먹게 되고 그 다음날 숙취로 출근을 못하는 사례도 빈번한 현실이다.
 참으로 안타깝고 씁쓸한 얘기지만 대학 신입생 신고식이나 MT 현장에서 술로 목숨을 잃은 사례도 거의 해마다 발생하고 있지 않은가?
 또, 우리나라만큼 술자리 독특한 문화가 발달한 나라도 없다고 한다.
 폭탄주에, 후래자(後來者) 3배 등은 끼지도 못한다.
 이 시대를 살아가는 이 나라의 우리 대학생들, 어떤 억눌린 심정으로 압박감·분노에 사로잡혀있을까?
 부어라 마셔라! 젊은 심장과 간이 에틸알코올에 절여질 정도로 폭주하고 있다.
 서시(**고대 중국 월나라 최고의 美人**)의 미소가 수 백 마리의 물고기를 잠들어버리게 했다면 복어의 독은 1mg 만으로도 수십 명의 목숨을 30여 분 만에 끊어놓을 만큼 치명적이다.
 그럼 사람이 목숨을 담보로 할 만큼 탐닉하는 맹독성(**테트로도톡신: 청산가리의 13배**)의 복어는 얼마나 맛있는 생선일까?!
 해저생활 이란 책에는 그 맛을 이렇게 기술하고 있다.
 "느긋한 행복감에 빠져들고 환희의 열기가 확 올랐다가 식는 느낌"이라고......, 특히 고대 중국인들은 최고의 육류로 손꼽는 돼지고기맛과 비유해 '물속의 돼지고기'라고 해 하돈(**河豚**)으로 부르고 있다.
 전문요리사가 외과 집도의의 칼보다 더 예리한 칼로 마치 투명한 꽃잎처럼 발라내 접시에 내놓는 고기! 차라리 고기라고 하기보단 연 분홍빛이 어른거리는 꽃잎이라고 할까?
 서서히 무르익어가는 봄날 앞 다퉈 피어났던 매화와 벚꽃 잎들이 눈발처럼 흩뿌려지고 있는 오후
 越나라 왕 '구천'의 충신이었던 범려가 당시 눈엣가시 같던 吳나라를 무너뜨리기위해 당대 최고의 미인이었던 서시를 오의 왕

'부차'에게 보내게 된다.

경국지색(傾國之色)이라 했던가?!

땔나무장수의 딸이었고 선천적으로 눈부시게 고은 살결과 고혹적인 눈매, 잘록한 허리, 풍만한 둔부를 버드나무 휘감듯 하며 왕궁을 거닐던 여인-西施,

부차는 자신이 다스리던 나라와 함께 서서히 침몰해가고 있었다.

연분홍빛 아른거리는 꽃잎 같은 한 점 한 점의 단맛 내는 복어 맛에 취해가듯……,

당시 기록을 보면 서시가 눈살을 한 번 찡그릴 때 마다 세상이 뒤집혀 질 듯 고혹적으로 예뻐 보여 궁중의 많은 시녀들이 질투를 보내면서도 그녀의 행동을 모방했다한다.

마음도 눈처럼 내려놓으시게

올겨울엔 유난히도 눈이 많이 내리고 있다

고즈넉한 산사 처마 끝 풍경風磬위에 내려앉은 눈은 설향까지 실어 나르는 운치가 있어 가히 '소리로 듣는 풍경화'라고나 할까

오늘처럼 이렇게 발목까지 푹푹 쌓이는 함박눈이 온 세상을 덮어가는 날이면 첩첩산중 구름도 쉬어간다는 강원도 정선 골 어는 촌락에 한 닷새에서 열흘 쯤 묻혀 살고 싶다.**(애인이 따라온다면 더욱 좋을 것이고...)**

어느 수필가는 '눈은 일상사의 감동이다'라고 했다.

겨울로 접어드는 11월이면 사람들 마음속엔 추위에 대한 걱정도 있지만 오히려 추위를 즐기며 온 세상을 하얗게 색칠해줄 은세계에 대한 동경을 꿈꾸는 것도 사실이다. 여기에 크리스마스가 가까워지면 흰 눈이 더욱 기다려지며 거리에서 들리는 징글벨이나, 노엘, 루돌프사슴코, white christmas 등의 캐롤 송이 더욱 정감 있게 파고든다.

눈은 이른 봄의 목련과 상당한 유사성을 갖고 있다.

채 추위가 가시지 않은 이른 봄, 나뭇가지 끝에서 목련이 피어나는 것을 보면 웨딩드레스의 순결함 같은 걸 느끼게 된다. 눈 또한 마찬가지이다. 너울너울 춤추듯이 내려오며 대지를 온통 은세계로 덮어갈 때는 자연이 주는 눈부신 순수에 젖어들게 된다.

겨울철 이른 아침 투명한 햇살이 눈 덮인 설원을 비출 때도 우린

눈부신 순수로 전율하게 된다. 반면 목련 잎이 하나 둘 질 때면 어떠한가? 먹다 남은 이빨자국이 찍힌 사과가 거무튀튀 황변黃變 돼 가듯 지저분하기 짝이 없다.

눈 역시 골목길이나 도로 길바닥에서 녹아 흐를 땐 시커먼 진창으로 변해 사람들이 이리저리 피하기 일쑤이다.

세상 모든 이치가 다 그렇듯 아름다움도 순수도 일순간의 열정-일순간의 함성 같은 게 아닐까 "만개한 꽃은 그 순간부터 무너지고 있다"라는 시구가 떠오른다.

매년 12월 겨울 추위가 엄습해오는 동지 무렵이면 나는 일상의 일탈을 꿈꾼다. 토굴을 파놓고 사는 토끼처럼 눈에 파묻힌 산골마을 집을 동경하며 잠이든다. 장작불을 지펴 넣을 수 있는 아궁이가 있고 사각의 나무 널빤지로 짜 맞춘 굴뚝에선 늙은 어머님의 한숨 같은 연기가 모락모락 올라오는 그런 시골집으로의 일탈을…

어느 해 인가 눈이 사립문의 가슴까지 차오르던 날, 나는 이런 시를 쓰며 무너져 내리는 억장을 달랬다.

나는 눈길을 터벅터벅 걸어 往診 길에 나섰지요

그가 사는 곳이 산골마을 외딴 집이라 소나무 밑을 지날 때는 나뭇가지에 쌓였던 눈들이 내 발자국 소리에 놀라 머리 위로 눈꽃송이 세례를

퍼붓곤 했지요 내가 가방에 챙기고 나선 것은 그의 病歷을 감안해 법정의 수필집과 이해인의 시집 이어령의 수상집 등 이었습니다 좀 의외지요 왕진 나선 의사가 약이나 의료기구보다 책을 먼저 챙긴 게 말입니다 물론 청진기와 혈압, 체온계, 위장과 심장관련 약 그리고 주사제는 들어있었지요

 탱자나무 울타리로 빙 둘러쳐진 그의 집 입구에서 눈 범벅이 된 신발을 털자 예민한 그가 마치 산 메아리처럼 나왔지요. 며칠째 면도를 안 한 듯 구렛나루와 턱 주변이 수염으로 덤불을 이룬 것만 빼면 특별히 아픈 기색은 없어 보였지요 하지만 문진과 진맥을 통해본 그의 상태는 상당히 心虛가 진행돼 있었지요 억장이 눈사태처럼 무너져 내릴 땐 " 뭐 내 마음 내가 다스리고 살아가는데 무슨 중병으로야 번져가겠나?" 했는데 그게 몸의 병으로 강물처럼 깊어버린것 같다는 얘기였지요" 눈사태처럼 억장이 무너져 내린다"고 그가 얘길 할 땐 왕진간 의사인 나도 마음 한 쪽 구석부터 뭔가 모르게 무겁게 무너져 내리는 기분이었지요 그러자 환자인 그가 오히려 내 표정을 살피며 안쓰러운 듯 내 가슴을 쓸어내려 주었지요

 나는 그에게 더운 차를 수시로 들며 "마음과 싸우지 말고 다만 마음을 옆으로 내려놓으라" 얘기했지요 " 삶은 풀어야할 문제가 아니라 살

아가야 할 신비이기 때문이다" 라는 어느 선사의 얘기를 들려주며……,
산골마을을 뒤로하고 나서자 눈은 점점 푸근히 굵어지고 있었고 왕진
가방을 든 손잡이에도 억장처럼 눈이 쌓여가기 시작했지요

〈 詩 '왕진 길에서' 전문〉

아름다운 끽연자, 멸시받는 끽연자

〈폐허〉의 동인으로 '아시아의 마지막 밤풍경 등을 발표했던 근대문학가 공초(空超)오상순 선생은 꽁초라는 별명이 붙을 만큼 일생동안 담배를 즐겼던 분으로 유명하다.

끽연에 관한 선생의 일화 중 그의 호 '空超'를 '꽁초'로 까지 바꿔놓았던 이야기가 하나있다. 선생은 손가락 크기만 한 놋쇠 물부리에 담배를 끼워 피우길 즐겼는데 어찌나 줄담배를 피워대든지 한겨울에도 그 담뱃대가 금세 뜨거워졌다한다. 한 번은 눈 내리는 겨울날 문인친구가 찾아갔는데 허름한 그의 방 창호 밖으로 놋쇠 물부리가 삐죽이 나와 있는 것을 보고 친구가 "지금 자네 뭐하고 있나?"묻자 "이 친구야 보시다 시피 뜨거워진 담뱃대 식히고 있는 중일세"하며 자못 엄숙하게 말하더란 것이었다.

옛 부터 시인 묵객 예술가 전략가 사상가 중에는 이른바 골초로 통하는 인물들이 참으로 많지만 인류가 즐기고 있는 수많은 기호품 중 담배만큼 동서고금, 남녀노소를 가리지 않고 이만큼 즐기는 기호품도 없지 않나싶다.

이 같은 줄기찬 역사와 전통 속에서 유유자적 이어 내려온 끽연인데도 담배를 피우는 사람의 에티켓이나 기본적인 공중도덕심은 현대인에 와서 더욱 문란해지고 파괴돼있는 실상이다(**최근 다행스럽게도 범 정부차원에서 공공장소나 병원, 공원지역 등에서 흡연 시 적지 않은 과태료-범칙금을 부과하고 나선 것은 아주 잘한 일이다**)

필자는 원래 담배를 배우지 못해 담배 맛을 전혀 모르지만 담배를 정말 맛있게 멋있게 피우는 사람들을 볼 때마다 "아! 저게 정말 좋긴 좋은가보다, 멋져 보이는데 나도 한 번 해볼까?"하며 그윽한 눈빛으로 바라 볼 때가 가끔 있다.
 어렸을 적 약주를 얼큰히 드시고 귀가하신 아버지가 그 까칠까칠한 턱수염으로 나의 볼을 비벼댈 때 느껴지던 그 기분 좋게 구수했던 담배냄새라든가 고등학교시절 독일어를 담당하셨던 박 모 선생님이 책을 읽으며 왔다 갔다 할 때 옷자락 어디선가 풍기던 그 담배냄새 같은 구수함(갓 볶은 커피 향을 닮은······) 등 난 담배를 피우진 못하지만 가끔 담뱃진이나 연기에서 풍기는 사람의 살아있는 냄새, 정이 깃든 냄새, 분노의 냄새, 고통의 냄새 사람의 냄새등 이 모든 것을 담은 푸근한 내음을 담배냄새에서 간혹 느낀다.
 나는 이렇게 담배피우는 사람들에 대한 폭넓은 사랑과 이해를 갖고 있으면서도 종 종 화가 치밀 만큼 기본매너가 빵점인 우리나라 내 주위의 끽연 자를 보게 된다.
 꼴불견 중 1위는 걸어 다니면서 담배를 피우는 사람들이다.
 얼마나 골초이고 애연가인진 모르지만 행인들이 스치듯 오가는 거리에서 불붙은 담배를 손가락사이에 끼고 흔들며 다니는 것은 얼마나 위태로운 일이며 행인들을 불안하게 만드는 일이란 말인가?

실제로 스치는 행인의 손을 데게 하거나 옷을 태우는 등 피해를 입히는 경우가 심심찮게 발생하는데도 여전히 고쳐지지 않고 있으며 그러다 주변 배수구나 적당히 으슥한 곳에 휙 던져버리고 마는 기초질서 불감증환자들도 많다.(버스 **정류장, 학원가, 음식점 주변 등은 더욱 그러하다**)

여기에 못지않게 꼴불견중 하나는 자신의 승용차를 몰고 가면서 차창 밖으로 담뱃재를 털고 꽁초를 슬며시 버리는 사람이다.(**자신의 차안에 있는 재떨이는 어디에 쓰려는지?**)

이밖에 음식점에서 밥사발 뚜껑이나 빈 그릇, 행주, 냅킨위에 담뱃재를 털거나 비벼 끄는 사람(**세계 어느 곳을 가도 이런 미개하며 비위생적인 행동을 하는 국민은 없단다**)등을 들 수 있다.

어디 이 뿐이랴 자판기에서 커피를 뽑아 마신 후 빈 종이컵에 피우던 담배를 구겨 넣고 침을 뱉는 사람, 빈 깡통이나 마시던 술병, 음료수 병에 꽁초를 넣는 사람, 지하철이나 버스 정류장등에서 차를 기다리다 차가 들어오기 직전 황급히 차도주변에 꽁초를 내던지는 사람들도 많다.

사람이 깨끗하고 아름다운 환경과 자연을 찾아 즐기는 것은 그 자연과 환경을 사랑하고 아끼는 마음이 바탕을 이루기 때문이다.

이같이 생각해볼 때 담배를 즐기는 사람이라면 담배를 즐기는 공간에 대한 애정과 보호, 상대에 대한 배려심도 뒤따라야 하지 않을까?

"아! 저 사람 정말 멋진 애연가야 꼭 뭘 몰두해 있을 때 담배를 꼬나문 자세가 가까이 범접하지 못할 만큼 근엄하고 묵직해보여"
이런 흡연자의 깊이있는 모습을 많이 보았으면 좋겠다.

잠꼬대

 인간은 현실 속에 살면서도 어쩌면 현실과 이상사이의 벽을 끊임없이 넘나드는 불안한 존재인가 보다.
 무의식의 세계에서 이뤄지는 인간의 잠꼬대만 해도 현실 속에서 다 풀지 못하고 마무리 못한 未完의 어설픈 불씨를 잠든 시간 일망정 토해내고 다시 지펴내고 풀어보려는 잠재된 욕구의 부단한 반향(反響)일 것이다.
 얼마 전 새벽녘엔 엄마와 아빠 사이에 파고들어 잠자길 좋아하는 우리 막내의 희죽 희죽 웃는 모습을 볼 수 있었다.
 무슨 재미있는 꿈을 꾸길래 자면서도 저리도 희죽 희죽 웃나? 그 표정이 더 없이 귀엽고 재미있어 한참을 내려다보았다.

 꽤 오래전 젊은 시절 예비군 동원교육 때 일이다. 지금도 잊혀 지지 않는 내무반 잠꼬대 사건이다.
 그날은 초여름 이었지만 산 쪽에 자리 잡은 막사는 그날따라 비바람이 몰아치고 꽤 으슬으슬한 날씨로 돌변했다. 오전 오후 교육을 마친 동료들은 지친 몸을 이끌고 저녁을 먹은 후 점호를 거쳐 잠자리에 들었다.
 당시만 해도 막사라야 대형텐트를 치고 통로를 중심으로 양쪽에 나무침상을 나란히 해놓은 게 고작이었는데 비바람 속에서 텐트가 심하게 울렁이고 있었다. 난 10시부터 자정까지 보초근무를 선 다음 막사에 들어와 막 잠이 들었는데 나의 반대 쪽 침상 끝 쪽에서 잠자던 한 교육생이 어둠속에서 벌떡 일어나는 게 아닌가?

  그러더니 그는 "아이고 아이고 오늘이 우리 아부지 제삿날인데 집에 가지도 못하고 이런……." 하며 곡성을 터트리는 것이었다.

  난 당시 그 음산한 호곡이 어찌나 섬뜩하던지 그 밤 내내 잠을 이루지 못하고 아침을 맞고 말았다.

"아니 여보시오 갑자기 웬일 입니까? 제삿날인지 뭔진 모르겠지만 잠 좀 잡시다" 이런 나의 투덜거림에도 아랑곳 하지 않고 그는 한참이나 뭔말인가를 중얼대다 다시 잠들어버리는 게 아닌가?

  잠꼬대를 하며 우는 사람, 웃는 사람, 이를 우두둑 갈며 욕을 해대는 사람, 등등 많지만 난 이 밤에도 우리 막내처럼 개구쟁이 표정을 지으며 자면서도 희죽 희죽 웃는 그 잠꼬대모습이 오늘 밤에도 보고 싶다.

다래끼 녀

 금정역에서 상록수 行 열차로 바꿔 타기위해 플랫폼에 서 있다가 다래끼녀를 만났다.
 다래끼는 이미 눈물방울 만큼이나 커져 왼 쪽 눈 아래 주머니로 맺혀있다.
 40대 중반에서 50정도의 다래끼녀! 하루에도 수십 수백 번 이상 눈을 뜨고 감고 하는 게 사람 시신경의 생리활동인데 어떻게 저렇게 큰 주머니의 다래끼를 매단 채 생활하고 있단 말인가?(**환절기 무렵이면 간혹 필자도 비염 증세와 함께 눈꺼풀이 간지러워 안과도 다니고 약도 먹으며 여간 불편을 겪고 있는 게 아니다**)
 그녀의 위아래 행색을 살펴보는데 걸린 시간은 채 10여초도 지나지 않았다.
 바랑처럼 생긴 퇴색한 색(sack)을 메고 있었고 때 절은 머리에 구멍 뚫린 고무샌들을 신고 있다. 거의 드러난 그녀의 발바닥이며 발목, 장딴지까지가 온통 시커먼 때로 절어있다.
 노숙자! 그녀의 주민등록상 본명이 아닌 그녀가 살아온 근간의 세파가 붙여준 이름 일 것이다. 간간히 얼굴은 씻었는지 그 짜증날 정도의 다래끼 주머니만 아니면 어느 구석 엔간 지적인 풍모도 스친다.
 열차를 기다리던 한 젊은 아가씨도 그녀를 힐끗 보며 좀 의아한, 안타까운 시선을 보내고 있다. 그녀는 자신에게 이런 시선이 올 때

마다 '그렇게 큰 중병은 아니니 너무 안쓰러운 듯 보지 말아 달라'는 듯 애써 태연한 표정을 지으면서도 자꾸 시선을 돌리고 있다. 아픈 눈을 이리 저리 자꾸 껌벅이며...

 어찌 이 지경까지 약 한 번 먹지 않고 병원 한 번 안 찾아보았을까?
 사람의 전체적인 건강상태와 위생, 청결상태 그리고 면역력이 갖춰있다면 나을 수 있는 것이 루낭염같은 병인데 왜 저리도 대들보 만한 멍에를 눈 아래 달고 어두운 세상을 더 무겁고 침침 하게 살고 있을까?
 욕조에 맑고 따뜻한 물을 가득 채워 그녀의 얼굴을, 손을 발을 머리를 씻겨주고 싶다. 온 몸에 거품이 가득 번지는 샤워비누를 칠해 때 국물을 씻겨내 주고 싶다.
 그런 다음 그녀의 눈에 소염 진통에 효과가 좋은 한 방울의 안약을 넣어주고 싶다**(이미 곪을 대로 곪고 커질 대로 커진 다래끼지만)**
 눈은 세상을 밝고 힘차게, 따뜻하게 아름답게 신선하게 바라보라고 있는데 왜 그녀의 눈은 절구를 달아놓은 것처럼 무거워야하며 가렵고 짜증나야하는가?!
 그녀의 눈에 새털처럼 가벼운 경쾌함을 찾아 주소서……,

chapter03
시집 평설

■ 시집 평설

항진명제와 모순명제의 변증, 멜랑콜리, 웅얼거림
— 임병용의 글쓰기, 그의 詩學

박 찬 일
(시인 · 추계예술대 교수)

 항진명제tautology. 인간은 실천이성적 동물이거나, 인간은 실천이성적 동물이 아니다, 이등변삼각형의 두 빗금의 길이는 같다, 피라미드에 이등변삼각형이 4개 있다, 모두 항진명제이다. 항진명제가 있으면 모순명제contradiction가 있다. 명령에 따르지 마라! 모순명제이다. '명령에 거역하라'가 하나이고, '명령에 따르지 마라'가 명령문이므로 '명령에 순종하라'가 또 하나이다. 하나와 또 하나가, '명령에 거역하라'와 '명령에 순종하라'가, 모순관계이다. '명령에 거역하라'와 '명령에 순종하라'가 모순명제이다. 현대적 실험시와 전통적 서정시를 구분하는 조건으로 모순명제와 항진명제를 말할 수 있다. 현대적 실험시가 모순명제를 반영하고, 전통적 서정시가 항진명제를 반영한다. 모순명제를 반영했다는 것은 분열을 반영했다는 것이고, 항진명제를 반영했다는 것은 분열을 반영하지 않았다는 것이다. 병렬관계와 '상호 긴밀한 내적 긴장관계', 다양한 목소리와 단일한 목소리(**바흐친**), 열린 형식과 닫힌 형식(**폴커 클로츠**), 무의미시와 유의미시(**김춘수**), 서사극과 환상극(**브레히트**) 등의 대립쌍 또한 모순명제와 항진명제의 대립쌍과 관계있다. 병렬관계, 다양한 목소리, 열린 형식, 무의미시, 서사극 등이 모순명제로서 현대적 실험시와 관계있고, '상호 긴밀한 내적 긴장관계', 단일한 목소리, 닫힌 형식, 유의미시, 환상극 등이 항진명제로서 전통적 서정시와 관계있다.

항진명제와 모순명제를 '부정의 변증법 구조'에서 살피면, 혹은 역사철학적 관점에서 살피면, 항진명제에 대한 부정이 모순명제이고, 모순명제에 대한 부정이 항진명제이다. '상호 긴밀한 내적 긴장관계', 단일한 목소리, 닫힌 형식, 유의미시, 환상극들에 대한 '부정의 구체화'로서 병렬관계, 다양한 목소리, 열린 형식, 무의미시, 서사극들을 부인할 수 없다. 간단하지 않은 것은, 병렬관계, 다양한 목소리, 열린 형식, 무의미시, 서사극들에 대한 부정의 구체화로서 '상호 긴밀한 내적 긴장관계', 단일한 목소리, 닫힌 형식, 유의미시, 환상극들을 말할 수 있다는 점이다. '전통적 서정시'의 자기주장인 '상호 긴밀한 내적 긴장관계', 단일한 목소리, 닫힌 형식, 유의미시, 환상극들을 일종의 '역사적 낭만주의'의 유비로서, 일종의 규범적·초역사적 '유토피아'에 대한 '동경'으로 보는 것이다. 모순명제를 초래한 '분열의 세계상'에 대한 간접적 비판으로 보는 것이다. 분열의 세계상에 대해 총체적 세계상으로 대응하는 것이므로, 잃어버린 총체적 세계상에 대한 상실을 전제하므로, 그 바탕에는 상실에 대한 멜랑콜리의 정조가 깔리게 된다. 이점에서 주목되는 시가 **〈삶, 끊임없는 재귀대명사〉**와 〈10

데시빌〉이다.

° 청년 예수는 시적 지평을 확장하기위해 골고다에 오른 건 아니었다 **(그에게 실험정신은 어설픈 사치였을 거니까)**
° 60세까지 세파와 함께 뒹글었던 어쩌면 세파에 찌들대로 찌들었던 극심한 眼疾의 석가 역시 최종목표가 서방정토의 확장은 아니었을 것이다 **(누구나 깨닫는 세상이니까)**

물총새 당신은 경쾌하오
사람들이 당신을 翡翠라 부르는 것을 알기는 하오
옥색도포 정갈하게 차려입은 숙종조 때의 한 선비
맑은 심성이 뚝뚝 떨어질 것 같은 가을하늘을 맑은 눈길로 바라
보다 발견한 새 그 새가 당신이라고 하오
당신은 물총처럼 날카로운 부리로 강물을 쪼개고 쪼개진 강물
틈새로 청자빛 하늘을 꾸역꾸역 스며들게 한 것을 알기나 하오
세상은 온통 자가당착이오
자기에게 묻고 자기가 답변하는
자신이 불어넣은 바람으로 애매하게 커지는 풍선처럼
허무맹랑이 배가되며 쓸쓸해지는
그러면서도 자꾸 불어대다 터뜨리고
먼 하늘만 바라보는……,
— 〈삶, 끊임없는 재귀 대명사〉 전문 ◗

배가 어둠속에서 닻을 내릴 때
전철이 쇠발을 끌어안고 멈출 때

항공기가 纏足같은 두 발을 모아 땅을 디딜 때
우리는 조바심으로 미뤄왔던
그들의 오르가즘 같은
휴지부를 안다

소리 없는 아픔조차 드러내지 않으려는
10데시빌의*
과묵을 지향하는
쉼표와 마침표의 엄숙함을
―〈10데시빌〉 전문 .**2**

1〈삶, 끊임없는 재귀 대명사〉가 항진명제의 구체화이다, 모순명제의 구체화이다. 항진명제와 모순명제가 변증한다. 항진명제의 다른 말이 '재귀대명사 구조'이다. 인용된 시 둘째 연을 '전반부/후반부 구조'로 나눌 수 있다. 전반부에서 '상호 긴밀한 내적 긴장관계'에 의해 조성된, 분열되기 이전의 총체적 세계상의 모습이 제시된다. "맑은 심성이 뚝뚝 떨어질 것 같은 가을하늘을 맑은 눈길로 바라보다 발견한 새 그 새가 당신이라고 하오/ 당신은 물총처럼 날카로운 부리로 강물을 쪼개고 쪼개진 강물 틈새로 청자빛 하늘을 꾸역꾸역 스며들게 한 것을 알기나 하오"라고 한 부분이 그렇다. 항진명제이다, 욕망하는 대상과 욕망하는 주체의 행복한 합일이다. '가을하늘을 […] 바라보다 발견한 새'가 욕망하는 대상이고, '청자빛 하늘'이 '스며'든 '강물 틈새'가 욕망하는 대상이고, 이에 부응해 두 번 반복되는 '당신'이 욕망하는 주체이다.

* 10데시빌 : 낙엽이 지상에 떨어질 때 내는 소리의 크기

둘째 연 후반부에 '욕망하는 대상과 욕망하는 주체의 행복한 합일'에 대한 자기성찰, 혹은 멜랑콜리가 있다. "세상은 온통 자가당착이오/ 자기에게 묻고 자기가 답변하는"에 항진명제에 대한 '**(비판적)** 거리두기'**[생소화효과]**가 있으며, "자신이 불어넣은 바람으로 애매하게 커지는 풍선처럼/ 허무맹랑이 배가되며 쓸쓸해지는/ 그러면서도 자꾸 불어대다 터뜨리고/ 먼 하늘만 바라보는......,"에 항진명제에 대한 비판적 거리두기의 결과로서 멜랑콜리의 정조가 짙게 깔려 있다. '먼 하늘만 바라보는'것은 욕망하는 주체와 욕망하는 대상의 행복한 합일이 말 그대로 유토피아, 도달할 수 없는 에리원erehewon이라는 것을 느끼는 자의 제스투스이다. 그렇다고 '욕망하는 주체와 욕망하는 대상의 행복한 합일'을 멈출 수 없다. "풍선이 터져도"풍선을 "자꾸 불어대"는 행위를 멈출 수 없다. '자기에게 묻고 자기가 답변하는' '자가당착'행위를 멈출 수 없다. 간과할 수 없는 것이 첫째 연이다.

 ° 청년 예수는 시적 지평을 확장하기 위해 골고다에 오른 건 아니었다 **(그에게 실험정신은 어설픈 사치였을 거니까)**
 ° 60세까지 세파와 함께 뒹굴었던 어쩌면 세파에 찌들대로 찌들었던 극심한 眼疾의 석가 역시 최종목표가 서방정토의 확장은 아니었을 것이다 **(누구나 깨닫는 세상이니까)**

"예수"역시 '욕망하는 주체와 욕망하는 대상의 행복한 합일'이 불가능하다는 것을 알고 있었지만 "골고다에 오르는"행위를 멈출 수 없었다는 함의를 담는다. 유토피아에 대한 열망은 치명적이다. '욕망하는 주체와 욕망하는 대상의 행복한 합일'에 대한 욕구는 치명적이다. '완전한 사랑'에 대한 욕구는 치명적이다. 나르시시즘으로서의 사랑이 완전한 사랑이다. "석가" 역시 말해져야 한다. 석가 역시 '욕망하는 주체와 욕망하는 대상의 행복한 합일', 즉 "서방정토의 확장"이 "누구나 깨닫는 일로서", 깨달음의 수준에서만 가능하다는 것을 알고 있으면서도, "극심한 안질"을 앓고 있으면서도, '서방정토의 확장'에 대한 노력을 멈출 수 없었다는 함의를 담는다. 같은 말을 되풀이한다; 유토피아에 대한 열망은 치명적이다. '욕망하는 주체와 욕망하는 대상의 행복한 합일'에 대한 욕구는 치명적이다. '완전한 사랑'에 대한 욕구는 치명적이다. 나르시시즘으로서의 사랑이 완전한 사랑이다.

〈삶, 끊임없는 재귀 대명사〉는 항진명제와 항진명제의 변증법적 부정으로서 모순명제(2.연), 그러니까 항진명제와 모순명제의 변증, 그리고 이에 대한 변증법적 환유로서 모순명제와 항진명제의 병존(1.연의 1.2.행), '모순명제와 항진명제의 병존'의 환유(1.연의 3.4.행)라는 구조를 갖는다.

2 무엇보다도 '항진명제의 구체화'가 〈10데시빌〉이다. 첫 행, "배가 어둠속에서 닻을 내릴 때", 둘째 행, "전철이 쇠발을 끌어안고 멈출 때", 셋째 행, "항공기가 纏足같은 두 발을 모아 땅을 디딜 때"들이 병렬관계·환유관계에 있다. 중요한 것은 이들 3개 행이 주부로서 "오르가즘"(5.행), "휴지부"(6.행), "10데시빌의/ 과묵을 지향하는/ 쉼표와 마침표의 엄숙함"(2,연)이라는 술부를 거느리는 점이다. 항진명제이다, 주부와 술부의 행복한 일치, 욕망하는 대상과 욕망하는 주체의 행복한 일치이다. 주부와 술부의 일치는 얼마나 어려운 일이고, 얼마나 행복한 일인가. 욕망하는 대상

과 욕망하는 주체의 일치는 얼마나 어려운 일이고, 얼마나 행복한 일인가. "별이 빛나는 창공을 보고, 갈 수가 있고, 또 가야만 하는 길의 지도를 읽을 수 있던 시대가 얼마나 행복했던가?" 주목되는 것은, 그리고 압권은, "우리는 조바심으로 미뤄왔던"**(4.행)**이라고 한 부분이다. 주부와 술부의 행복한 일치, 욕망하는 대상과 욕망하는 주체의 행복한 일치를 열망하는 화자의 심중을 고스란히 드러낸다. '무엇을 열망하다'는 것은 '열망해야 할 상황'을 전제한다. '무엇을 열망해야 할 상황'에 대한 간접적 비판으로서 '열망'을 얘기한 것으로 보는 것이다. 주부와 술부의 행복한 일치가 아니라, 주부와 술부의 불행한 분열을, 욕망하는 대상과 욕망하는 주체의 행복한 일치가 아니라, 욕망하는 대상과 욕망하는 주체의 불행한 분열을, 얘기한 것으로 보는 것이다. 총체적 세계상의 상실을 얘기한 것으로 보는 것이다. 모순명제를 항진명제로 드러내려고 한 것으로 보는 것이다. 역시 멜랑콜리의 정조가 깔린다. "소리 없는 아픔"**(2.연 1.행)**이 '총체적 세계상의 상실'의 반영이고, 자기 상실의 반영이다. '소리 없는 아픔'이 멜랑콜리**(자기상실)**의 구체화라면 "소리 없는 아픔조차 드러내지 않으려는" 것은 멜랑콜리의 멜랑콜리이다. 멜랑콜리의 극대화이다. 자기 자신을 두 번 죽인다. '소리 없는 아픔'으로 한 번 죽이고, '소리 없는 아픔조차 드러내지 않으려는'것으로 또 한 번 죽인다. 멜랑콜리에 중독이 있을까. 자기상실·자기파괴에 중독이 있을까. **〈새와 스트레스에 대한 보고서〉**가 '그렇다'라고 말한다.

0.001밀리미터도 안 되는 우울의 회로가 내 척수를 휘감기 시작하면 한 발자국도 내 딛지 못하고 꼬꾸라지고 말지

버드 스트라이크*였어
전신이 빨려들어 수 만 개의 회전칼날이 잘근잘근
내 육신을 분쇄해 가는 걸 보고 있었지 차라리 시원 했어
[…]

〈10데시빌〉의 이해지평이 간단하지 않다. '오르가즘', '휴지부', '과묵', '쉼표와 마침표'를 죽음과 같은 상태로 보는 것이다. '오르가즘', '휴지부', '과묵', '쉼표와 마침표'들을 1.연의 3개 행, "배가 어둠속에서 닻을 내릴 때/ 전철이 쇠발을 끌어안고 멈출 때/ 항공기가 纏足같은 두 발을 모아 땅을 디딜 때"와 연결시켜, 〈10데시빌〉을 "죽음까지 파고드는 삶"(**바타이유**)의 도정으로 보는 것이다. 앞의 3개 행이 에로티즘으로서의 '삶'이고, '오르가즘', '휴지부', '과묵', '쉼표와 마침표'를 에로티즘으로서의 '죽음'으로 보는 것이다. '배'로서의 삶, '전철'로서의 삶, '비행기'로서의 삶은 극대의 삶이다. 극대의 삶이 극대의 죽음을 낳는다. 극대의 삶이 극대의 과묵[**죽음**]을 지향한다. 극대의 삶을 산 자가 죽음을 자청한다, 자발적으로 몰락하려고 한다. 극대의 삶을 산 자의 죽음이 완전한 죽음이다. 〈10데시빌〉은 한편으로 '완전한 죽음'에 대한 헌사였다.

주인님의 우아한 무도를 위해
백조의 발바닥은
물과 뭍을 가리지 않고
하늘에서 호수에서 천리만리 경중경중

* 버드 스트라이크bird strike : 조류가 비행기 유리창에 부딪히거나 엔진 속에 빨려들어 항공사고를 일으키는 현상.

뛰고 닿고 씩씩 댔다
빈사에 이르러서도 소리 내지 않는
저
발끝으로만 다가서는
때 절은 충정

도요토미 히데요시가 고개를 절레절레 흔들고 가는......,
— 〈토 슈즈〉 전문 .❶

지렁이의 移動은 온 몸의 일기다
하루 종일 맨 땅에 써가는
맨살의 학습
— 〈歌女〉 부분 .❷

화석처럼 굳어가던 자신을 더는
바라 볼 수 없었던
몸부림 이었을까
어느 날
혁명의 전조처럼 타오르기 시작한
들불
들불
들불

外傷이 전혀 없이 이뤄진
완벽한

內出血이었다.
— 〈봄, 애끓는……,〉 부분 .**3**

거울은 깨질 때, 깨졌을 때
소란한 파열음으로
술렁이는 얘깃거리를 만든다
— 〈거울〉 부분 .**4**

1 "주인님의 우아한 무도를 위해/ 백조의 발바닥은/ 물과 뭍을 가리지 않고/ 하늘에서 호수에서 천리만리 경중경중/ 뛰고 닿고 씩씩댔다"가 '극대의 삶'을 표상한다. '주인님의 우아한 무도'가 '완전한 죽음'을 표상한다. 극대의 삶을 산 자, 이제 떠날 수 있다. "도요토미 히데요시가 고개를 절레절레 흔들고"가는 삶을 산 자, 이제 떠날 준비가 되었다.

2 "하루 종일 맨 땅에 써가는/ 맨살의 학습"! "지렁이"도 죽음연습을 한다? 플라톤에게 죽음연습은 "육체라는 사슬로부터 영혼이 벗어나서 가능한 한 영혼이 그 자체로 살아가게끔 버릇을 들이는 것"을 의미한다. 영혼을 육체로부터 차근차근 떼어내는 삶, 식욕·정욕·소유욕 등에서 차츰차츰 해방시키는 삶이 죽음연습이었다.

3 역시 완전한 죽음을 내용으로 하고 있는 것으로 보인다. 완전한 죽음은 내부와 외부의 완벽한 소통이다, 이승과 저승의 완벽한 소통이다. "外傷이 전혀 없이 이뤄진 완벽한 內出血"이라는 구절

이 돋보인다. '外傷'이 고통을 표상한다. '완벽한' 죽음은 고통 없는 죽음이다. 그러므로 완벽한 죽음은 '자발적 죽음'이다. '완벽한 內出血'이 완벽한 죽음을 표상한다, 완벽한 죽음에 대한 동경을 표상한다.

4 '완벽한 죽음'에 포함되지 않는다고 볼 수 없다. "소란한 파열음"은 고통의 절정을 표상한다. '소란한 파열음'은 죽음을 앞에 둔 자가 내는, 혹은 죽음을 경험하는 자가 내는, 고통의 절정에서 내는, '비명'을 표상한다. 누가 고통 없이 떠나려하는가. 고통이 '완벽한 죽음'의 내재적 상황인지 모른다. 말이 그렇다는 것이다. '고통 없는 죽음에 대한 동경' 역시 내재적 상황이다. 죽음 앞에서의 고통은 '자기상실'의 완벽한 표본이다. 죽음 앞에서의 고통은 멜랑콜리의 완벽한 표본이다.

'항진명제의 구체화'를 〈강심을 꿰뚠 물총새〉에서도 말할 수 있다. 〈강심을 꿰뚠 물총새〉 전문이다.

연꽃잎은 자신의 몸으로 투항해 오는 물을
파괴하지 않는다
그저 둥근 웃음으로 말아 올려 어우렁더우렁
그의 체적을 그의 사유를 자유롭게 한다

세상의 모든 성숙
이처럼
여유롭게 받아들이는데서 시작되는 것 아닐까
江心이 물총새를 받아들이고

물총새의 부리에 꿴 물고기가 목어의 눈을 바라보며
허허롭게 웃는……,

"연꽃잎은 자신의 몸으로 투항해 오는 물을/ 파괴하지 않는다"
가 항진명제의 구체화이다. '연꽃잎'과 '자신의 몸으로 투항해
오는 물'의 행복한 합일을 말하고 있다. 욕망하는 대상과 욕망하
는 주체의 행복한 합일을 말하고 있다. 끝 연에서 "江心이 물총새
를 받아들이고"도 욕망하는 대상과 욕망하는 주체의 행복한 합일
이다. "물총새의 부리에 꿴 물고기가 목어의 눈을 바라보며"도
욕망하는 대상과 욕망하는 주체의 행복한 합일이다. '물총새의 부
리에 꿴 물고기가 목어의 눈을 바라본다'고 한 것은 나르시시즘
의 상황의 재연이다. '물총새의 부리에 꿴 물고기'라는 주부와 '
목어의 눈'이라는 술부의 행복한 합일이다. 끝 행 "허허롭게 웃
는……,"은 '주부와 술부의 행복한 일치'에 대한 비평적 거리두
기이다. 멜랑콜리의 정조를 말하지 않을 수 없다. 주부와 술부의
행복한 일치'가 가능하기나 한 것인가. 〈**강심을 꿰뚠 물총새**〉에서
또한 얘기해야 할 것은 둘째 연,

세상의 모든 성숙
이처럼
여유롭게 받아들이는데서 시작되는 것 아닐까

이다. 주부와 술부의 일치, 욕망하는 대상과 욕망하는 주체의 일
치를 염원한다. 그 조건으로서 "성숙"을 들고, "여유"를 든다.
주목되는 것은 화자의 직접 개입이다. '화자의 직접 개입'으로써

시에 '하나의 목소리'가 추가된다. 단일한 목소리가 아닌, '다양한 목소리'의 시가 되므로 모순명제이다. 〈강심을 꿰뚫 물총새〉에서도 항진명제와 모순명제의 변증이 확인된다.

　　인간이 걸음을 내디딜 때 마다
　　엄청난 정보가 다리근육에 전달되고 이 정보는 척수를 통해
　　뇌에서 생기와 재미를 찾아 뛴다는 거지
　　새소리 물소리 바람소리를 훔치는 일
　　나무사이에 숨어있다 푸드득 소리를 내며 신부처럼 달아나는
　　풍만한 가슴을 셜록홈즈처럼 바라보는 일 등이 모두
　　지적쾌감으로 이어진다는 얘기였어

　　얘기가 좀 길어졌군 지적 받아야 할 일이야
　　시인은 서술보다 묘사라 그랬는데
　　지적으로 좀 떨어지는 예비시인 인가봐
　　 ─〈知的 쾌감〉부분

'항진명제와 모순명제의 변증'은 〈知的 쾌감〉에서 되풀이된다. "걸음을 내"딛는 일, "새소리 물소리 바람소리를 훔치는 일", "풍만한 가슴을 셜록홈즈처럼 바라보는 일"이 주부라면 "知的 쾌감"이 술부이다. 항진명제이다. '주부와 술부의 행복한 일치, 욕망하는 대상과 욕망하는 주체의 행복한 일치'를 깨뜨리는 것이 끝의 3개 행이다. 의식활동 그 자체로서의 의식활동이 있고, 의식활동을 의식활동하는 또 하나의 의식활동이 있다. "얘기가 좀 길어졌군 지적 받아야 할 일이야/ 시인은 서술보다 묘사라 그랬는데/

지적으로 좀 떨어지는 예비시인인가봐"가 앞 연에서의 의식활동을 의식활동하는 또 하나의 의식활동이다. 역시 비평적 거리두기로서 또 하나의 목소리를 얘기할 수 있다. 또 하나의 목소리가 추가된 다양한 목소리의 시는 모순명제이다.

'의식활동 그 자체로서의 의식활동'이 욕망하는 대상과 욕망하는 주체의 행복한 일치를 내포한다면 '의식활동을 의식활동하는 또 하나의 의식활동'은 욕망하는 대상과 욕망하는 주체의 불행한 분열을 내포한다. 앞의 연만을 고려하면 항진명제이고 앞의 연과 뒤의 연을 함께 고려하면 모순명제이다. 항진명제와 모순명제의 변증이다.

내가 왜 여기 서있고 눈앞의 구름 나뭇가지 먼 시선의 공사장 크레인이 왜 보이는 거지
렌즈의 프레임을 되돌리면 수백 년 전에도 보였을 풍경들
프레임 앞에 정지된 나
프레임을 빨리 감기 하면 수백 년 후에도 똑같이 보일 공사장 크레인
나뭇가지 구름 내 코끝
실상은 허상이었고 허상은 실상을 찾아가지

깨달음을 좇다 깨달음을 놓치고 사는……,
그 이전의 痛覺
— 〈누가 나를 보았는가〉 부분

시간이 멈추는 순간이 있다. 심층의식에서 올라오는 몇 마디의 단어들, 그 단어들을 받아 적고 싶을 때가 있다. "痛覺"의 순간이

라고 해도 좋겠다. 개인적 자아에서 우주적 자아로 전환되는 순간이라고 해도 좋겠다. 오늘이 먼 옛날부터 무한반복되었고, 오늘이 앞으로 무한반복될 거라는 생각에 휩싸일 때가 있다. 오늘 의지한 것이 먼 옛날 의지한 것의 반복이라면 먼 옛날의 그 의지가 얼마나 소중한 것인가. 오늘 의지한 것이 앞으로 무한반복된다면 오늘의 의지가 얼마나 소중한 것인가. '먼 옛날의 의지'가 잘못되었다면 '오늘' 그 의지를 수정해야 한다. '오늘' 새롭게 의지한 것이 앞으로 무한반복되도록 오늘을 의지해야 한다. "깨달음을 좇다 깨달음을 놓치고 사는……," **(끝 연, 1.행)**이 자기상실의 표현이다. '멜랑콜리'에 대한 표현이다.

　항진명제와 모순명제의 변증을 종합명제에 대한 의지라고 할 수 있다. '미적 모더니즘'을 종합명제에 대한 의지라고 할 수 있다. 콜라주, 몽타주, 병렬양식, 자동기술법, 시간확대경기술들이 종합명제에 대한 의지의 구체화로서 미적 모더니즘의 주요기법들이다. 다음의 〈스크랩〉을 미적 모더니즘에 대한 자기의식의 구체화라고 볼 수 있을까. 〈스크랩〉을 메타시로 보는 것이다.

　　내 책상과 서랍 욕실 주변엔 병장기로 가득하다
　　칼도 서 너 자루 장도부터 단도까지
　　여기에 쌍날 도검에 세날 여섯 날 도검, 시퍼런 작두까지

　　세상을 향해 단정히 혁명을 꿈꾸는
　　시들어가는 영혼을 향해 항상 전복을 꿈꾸는
　　MBTI*에서 사회적 비판수치가 높게 나타나는 선비의식의

* MBTI: 성격 분석 프로그램, 성격성향 분석 도구로 쓰임 — 〈스크랩〉 전문

퍼스낼리티 속에서 무르익어가는
세상을 스크랩해가고
자신을 스크랩해가며
눈물 젖은 정보 피 뚝 뚝 지는 살점만을 골라
면적 넓은 심장에 모자이크해나가는

오늘, 그는 쇠 부스러기나 파쇠, 고철을 모아
예리한 병장기 만들기에 부산하다

끝 연 "쇠 부스러기나 파쇠, 고철을 모아/ 예리한 병장기 만들기에 부산하다"을 미적 모더니즘의 글쓰기, 혹은 '역사적 아방가르드'의 글쓰기의 '모습'으로 보는 것이다. 주목되는 구절이 있다. 〈反芻〉의 다음 구절이다.

얼마나 더 되돌아 봐야 나를 발견할 수 있을까
얼마나 더 어둠속에 있어야 내 뒷모습을 알아 볼 수 있을까
— 〈反芻〉 부분

'진정한 "나"'에 대한 갈구이다. 진정한 나는 "내 뒷모습"에 있을지 모른다. '뒷모습'은 지금까지 보지 못했던 나이다. 베일에 싸인 '나'이다. 진정한 나를 알려면 베일을 걷어내야 한다. '진정한 나', '내 뒷모습'이 무엇인가. 다음의 시편들에서 임병용은 '내 뒷모습'을 말하고 있는 것으로 보인다. 임병용 시인은 '내 뒷모습'을 본 것으로 보인다. 미리 얘기하면, 임병용은 규칙 규율 규범들이 덮어둔 '자유 그 자체'를 본 것으로 보인다.

지구를 점령한 자만이 걷는다
걷는다는 것은 살아있다는 것이다
영혼이 일정한 리듬으로 춤을 추고 있는 것이다
가식이 배제된 제 모습만의 흐느낌, 속에서
걷고 있는 사람을 보아라
제 멋에 겨워 제풀에 지쳐 장단이 없어도
노래를 하고 춤을 추고 돌멩이를 걷어차고 아내를 걷어차고
제 발등에 주저앉고
가부좌를 한 채 공중으로 떠오르고
곤두박질의 꿈을 꾸고 선 채 사정을 기도하고
물속으로 뛰어들고 물고기처럼 지느러미를 놀리고

동사가 할 수 있는 거의 모든
활용어미를 갖고 태어난, 너
— 〈오늘도 걷는다마는〉전문 **1**

우주도 가끔, 궤적을 벗어나
산책도 하고 휴가도 가야
다른 궤적의 자연현상을 일으키지

사장이 휴가 떠난 사무실은
언제나 넓고 편안하다
(사장이 나타 날까봐 얼른 문을 닫았지만)
아버지가 집을 비워도 외출했다 돌아와도 아무렇지도 않은 세상에서
— 〈대들보의 외출〉 부분 **2**

무당이냐구?
모르겠어 심청이 뛰어든 인당수보다 더 시퍼런
작두에서 펄 펄 춤추고 싶을 때도 있으니까
日月臺*를 부여잡고 온 몸의 피를
원심분리해 내고 싶어
피는 대지에
혼은 종달새에 주고
표표히 길을 나서고 싶어
나뭇잎 사이에서 일렁이는 바람 곁으로
눈부신 하늘 올려다보며 간혹, 올 수 있는 그곳으로……,
― 〈그리운 그곳〉부분 .3

조물주는 애초부터 전략적 思考에 출중했거나 전통적인 영국인보다 더 유머감각이 넘쳤는지 몰라 아니면 체질적인 장난기가 대단하셨거나 '꺽지'말일세 그 놈 아가미 조금 아래 쪽 배를 한번 보게 파르스름한 광채의 가짜 눈이 버젓이 하나씩 더 붙어있을 테니까 결국 그 놈은 눈이 4개인 셈이지 그 짝퉁의 눈으로 꺽지는 유일하게 포식자 어류대열에 올라있더군(誘引과 防禦 시스템을 완벽히 구축한 점을 인정받아) 형사들에게도 좀 붙여주면 어떨까싶어 또 막다른 13번 째 골목에 선 李箱이나 언어유희에 바쁜 시인에게도
― 〈블루벨벳〉* 부분 .4

조물주가 나무라는 생명체를 지상에 내려 보내기 직전, 작은 사건이 하나 발생했다 옆의 초록 페인트통을 차버렸던 것이다 지구상의 모든 나무

---
*일월대 : 무당이 쓰는 巫具중 하나, 降神도구
*블루벨벳 : 데이비드 린치감독의 영화, 삶의 기괴스런 면을 독특하게 재연

chapter03 시집 평설

가 녹색을 뒤집어쓰고 있는 것도 당시의 사건이 종결되지 않은 채 기소유예로 묶여있기 때문이다
— 〈초록, 미필적 고의에 의한〉 5

1 〈知的 쾌감〉과 간-텍스트의 관계에 있다. "걷는다는 것은 살아있다는 것이다"라고 하였다. 그러나 이 글은 그 이상이다. 시인이 강조하는 것은 "살아있음"이다. '살아있음'의 구체화가 "리듬", "춤", "흐느낌", "소리"들이다. "돌멩이를 걷어차고 아내를 걷어차고/ 제 발등에 주저앉고"라고 한 것이 살아있음의 구체화이다. 공중부양(**"가부좌를 한 채 공중으로 떠오르고"**), "곤두박질의 꿈", "선 채 사정을 기도하는 것", "물속으로 뛰어들고 물고기처럼 지느러미를 놀리"는 것 모두 살아있음의 구체화이다. "너"는 "동사가 할 수 있는 거의 모든/ 활용어미를 갖고 태어"났기 때문이다. 시인은, 원심력의 시인이다.

2 모순명제가 원심력의 구체화이다. 규칙 규율 규범들을 위반하는 것, 요컨대 대타자 '언어'를 위반하게 하는 것이 원심력이다. 가끔, 웅얼거리고 싶다, 가끔, 웅얼거리고 싶을 때 웅얼거리는 시가 나온다. '웅얼거림의 시학'의 한 예로 '해체적 사고에 의한 언어유희'가 있다. 중요한 예가 이항대립체계의 해체이다. "궤적을 벗"어난 "우주", "사장이 휴가 떠난 사무실"이 '이항대립체계의 해체'의 반영이다. 이항대립체계의 해체는 중심의 해체이다. 압권은 마지막 행 "아버지가 집을 비워도 외출했다 돌아와도 아무렇지도 않은 세상에서"이다. '아버지가 집을 비워도 외출했다 돌아와도 아무렇지도 않은 세상'은 '아버지'로 상징되는 대타자가

무시되는 세상, 대타자로부터 자유로운 세상, 대타자의 눈치를 보지 않는 '자유 그 자체'의 세상이다.

3 역시 원심력에 대한 갈망이다. "작두에서 펄 펄 춤추"는 것이 원심력의 구체화이다. "온 몸의 피를/ 원심분리해 내고 싶다"고 한 것은 '피를 흐트러뜨리고 싶다'고 한 것이다. 그동안 피는 안전한 궤도로만 돌았다. "혼은 종달새에 주고/ 표표히 길을 나서고 싶다"고 한 것은 '육체' 그대로 살고 싶다고 한 것이다. '육체의 울렁거림' 그대로 살고 싶다고 한 것이다. '육체'에는 멜랑콜리가 없다. 육체노동에는 멜랑콜리가 없다. 길', "바람", "눈부신 하늘"들이 표상하는 것이 '자유 그 자체'이다. 그동안 "울 수"도 없었다. 규칙 규율 규범들이 울지 말라고 했기 때문이다. 울음을 억압했기 때문이다. 다시 말하지만 육체에는 멜랑콜리가 없다. 울음·웃음은 육체의 주요 항목이다. 웅얼거림에는 웃음이 포함되고 무엇보다 울음이 포함된다. 웅얼대는 삶에 대한 갈망은 웅얼대는 문학예술에 대한 갈망에 다름 아니다. 웅얼거림의 시학은 모순명제와 관계있다. '웅얼거림의 시학'의 본보기는 무엇보다도 반복=리듬이다. "원심분리해 내고 싶어/ 피는 대지에/ 혼은 종달새에 주고/ 표표히 길을 나서고 싶어"가 반복=리듬의 예이다.

4 웅얼거리는 시인은 삶을 그 기초에서 파악하는 자이다. 눈이 좋을 수밖에 없다. "눈이 4개"이니까 눈이 더 좋을 수밖에 없다. 시인은 그래서 "포식자"이다. 이것 아니면 저것을 먹는 것이 아니라, '이것 저것 모든 것'을 먹어치운다. 가리지 않고 먹은 포식자에게는 질서가 없다; 본능[기초]에 충실한, 역시 '웅얼거리는 삶'

에 대한 갈망이고, '웅얼거림의 시학'에 대한 갈망이다. "막다른 13번 째 골목에 선" 시인은 무슨 짓을 해도 괜찮다. "모순이 증가하는 사회"(뷔르거)가 아니라, 모순이 증가한 사회에 사는 시인은 무슨 짓을 해도 괜찮다. "언어유희"쯤은 아무 것도 아니다. 모순명제가 어느덧 질서가 된다.

5. '그게 그거인詩들'이라는 말이 들린다. 임병용 시인에게는 '그게 그거인 나무들'로 들린 모양이다. 그게 그거인 나무들인 것은 "조물주가 나무라는 생명체를 지상에 내려 보내기 직전, […] 초록 페인트통을 차버렸"기 때문이다. 시인은 이것을 범죄행위로 보았다. 이어서 이 "사건이 종결되지 않은 채 기소유예로 묶여있다"고 했기 때문이다. 동일자 사유에 대한 알레고리이다. 시인은 동일자 사유에서 벗어나려고 한다. 말씀**[로고스]**의 질서인 언어질서에서 벗어나고자 한다. 동일자 사유에 유죄판결을 내리려고 한다. '신은 유죄이다guilty'라고 선고하려고 한다. '동일자 사유는 유죄이다'라고 선포하려고 한다. 그 이후 각각의 방식으로 웅얼거리는 시인들이 많아졌다. 다음은 이 글의 결론이다.

숨죽여 우는 것도 이젠 지쳤어

이 광활한 자연 속에서
숲의 품을 빠져 나온 것도 아닌데
숨이 막히잖아
거대한 폐활량으로 숲을 안고 살고 싶어
피톤치드 그녀 품에 안겨

여름날 양털구름이나 새털구름이나 뭉게구름처럼
뭉게 뭉게 피어오르다
곤두박질치는 소나기로 뿌려지고 싶어

내 무덤 위를 소란스럽게 적시는……,
-〈늑대〉 부분